トヨタ式 カイゼンの会計学

丰田生产的会计思维

[日] 田中正知 著

赵城立 王志 译

机械工业出版社
CHINA MACHINE PRESS

图书在版编目（CIP）数据

丰田生产的会计思维 /（日）田中正知著；赵城立，王志译 . —北京：机械工业出版社，2015.8（2024.9 重印）

（精益思想丛书）

书名原文：トヨタ式 カイゼンの会計学

ISBN 978-7-111-51269-1

I. 丰… II. ① 田… ② 赵… ③ 王 III. 丰田汽车公司 – 工业企业管理 – 生产管理 – 经验 IV. F431.364

中国版本图书馆 CIP 数据核字（2015）第 190189 号

北京市版权局著作权合同登记　图字：01-2015-2811 号。

TOYOTASHIKI KAIZEN NO KAIKEIGAKU
BY Masatomo Tanaka
Copyright © 2009 Masatomo Tanaka
Edited by CHUKEI PUBLISHING
Original Japanese edition published by KADOKAWA CORPORATION, Tokyo.
All rights reserved
Chinese (in Simplified character only) translation copyright © 2015 by China Machine Press/Beijing Huazhang Graphics & Information Co., Ltd.
Chinese(in Simplified character only) translation rights arranged with KADOKAWA CORPORATION, Tokyo. through Bardon-Chinese Media Agency.
This edition is authorized for sale in the Chinese mainland (excluding Hong Kong SAR, Macao SAR and Taiwan).
No part of this book may be reproduced or transmitted in any form or by any means, electronic or mechanical, including photocopying, recording or any information storage and retrieval system, without permission, in writing, from the publisher.

本书中文简体字版由（株）中経出版通过 Bardon-Chinese Media Agency 授权机械工业出版社在中国大陆地区（不包括香港、澳门特别行政区及台湾地区）独家出版发行。未经出版者书面许可，不得以任何方式抄袭、复制或节录本书中的任何部分。

丰田生产的会计思维

出版发行：机械工业出版社（北京市西城区百万庄大街 22 号　邮政编码：100037）
责任编辑：卜龙祥
责任校对：董纪丽
印　　刷：固安县铭成印刷有限公司
版　　次：2024 年 9 月第 1 版第 14 次印刷
开　　本：147mm×210mm　1/32
印　　张：5.75
书　　号：ISBN 978-7-111-51269-1
定　　价：45.00 元

客服电话：（010）88361066　68326294

版权所有 • 侵权必究
封底无防伪标均为盗版

中文版序 | 丰田生产的会计思维

出版寄语

写这本书的想法缘起于我作为"传授丰田生产方式的第一位教授"到国家主办的"制造大学"去赴任这件事。这也让我认识到,如果只凭自己的经验来写,就会偏重于汽车产业,这样作为教科书,就会缺乏"作为学问的普遍性"。

另一方面,只要看看社会上流行的相关书籍就会发现,几乎都是"群盲乱评"的状态,良莠杂陈的老师们举目皆是,其中少不了那些会给读者带来误导的现象。

作为第一位教授的任务,便是从中抽出事物的本质,整理成可以适用于任何行业的"观察事物的方法和思考方法",我在这方面下了很大功夫。

该成果被命名为"正宗丰田方式",分别出版发行为如下三部著作。

Ⓐ 《会思考的丰田现场》(2005年;中文版,2011年)

丰田方式不是魔法式的存在,而是对事物的观察方法和思考方法。从中国传到日本的诸行无常、共存共荣等哲学是基础,在此基础上,是"自动化"(要绝对确保品质)和"准时化"(挑战缩短交货期)的思想。只要各企业能够理解这个思想,并且确立起"本公司流"并进行展开,就可以获得顾客的信赖,从而得到长期繁荣,为社会做出贡献。

Ⓑ 《丰田现场的人才培育》(2006年;中文版,2012年)

员工理解自己工作的意义,通过自己的努力获得成长。该员工才是贵公司的动力,是宝贝。围绕如何创造这样的现场,本书对上一本书Ⓐ的不足做了补充。

Ⓒ 《丰田生产的会计思维》(2009年)

对准时化从会计学角度进行评价的理论缺乏,一直在阻碍着大家真正理解"丰田方式"。本书介绍的全新的J成本论,详细说明了"准时化"如何对企业经营进行正确的指引。

本次,在赵城立博士和王志博士的努力下,终于跨越多重困难,完成了三部曲中的最后一部Ⓒ的中文版出版。本书是 J 成本论在中国迈出的第一步，为了让 J 成本论能够更好地展开，一桥大学经济学院会计学专业毕业的王志博士对专业术语进行了修改。

住在北京的赵城立博士负责了Ⓐ、Ⓑ两本书的翻译和出版社的联系工作，在中国演讲时，还为我做了翻译。在此，再一次对两位博士的辛劳表示感谢。

拙著三部曲中所记载的"事物的观察方法和思考方法"，其实是将中国古代的四书五经与经由中国传来的佛教的教诲和日本的风土进行了融合之后才达成的成熟结果。笔者希望，能将这三部曲，作为从中国传到日本后，经过各种体验，并满载着当地的礼物返回家乡的亲戚一样来看待，希望大家能感到亲切。如果这份礼物能够帮助到诸位，实感幸甚。

2015 年立春

推荐序一

如果你能掌握本书的三个重点

田中正知教授服务日本丰田汽车公司35年，从基层干起到负责制造策划总监，从学徒到师傅，深谙丰田生产系统（TPS）以及丰田文化。退休后，退而不休，继续在日本制造大学教授丰田的管理方法，是丰田专家中的专家。

难能可贵的是，他在任教期间不只是传授学生们他个人熟悉的TPS，还致力于钻研他过去在执行TPS时，曾遭遇过的种种挑战。尤其是那些他明知是对的，但却无法解释清楚的观念，比如：大批量生产会降低成本；企业把生产迁移到低劳动成本的国家就能解决成本问题；或者大批量采购就能为企业节省成本等，以及诸如此类在传统制造业里根深蒂固的观念。其关键点在于当前的会计管理体系中，并没有把时间的影响因素计算在内。成品在仓库里摆放一个月和一年，或者原材料以及半成品在生产线边堆积的时间长短，对管理企业财务的部门来说没有差别。难怪丰田的准时制生产方式（又称"及时生产"）以及"零库存"的优点在财会系统中无法凸显出来。因此，田中教授研究出"J成本论"，并且在书里引用一些简单的计算公式与例子，比如 10 000 日元的库存停留一天的损失如何计算，以及养马或养猪哪个选择比较划得来等，来说明时间因素对投资回报的重要性。他在书里清楚地解释了为什么丰田的及时生产与减少库存，是企业求生存，以及寻求卓越运营的重要方向。

虽然田中教授不是全球精益圈内第一个研究这个问题的专家，但是他为了找出他个人满意的答案，不惜花费数年的功夫，锲而不舍地去寻找答案。这种敬业的精神令人敬佩。尤其难得的是他并不把他的发现据为己有，特别写成这本易读易懂的小册子，乐意与大家分享。我很高兴为读者推荐这本书，尤其是在今天中国企业纷纷寻求转型升级之际，如果能注意书中的三个重点：第一，掌握客户的需求，专注于产品质量与准时交货，利润自然会来；第二，目标放在企业整体团队的运营绩效，而不是某个单位或部门的业绩；第三，把时间因素计算在会计成本里,相信对贵企业的经营一定会有很大的帮助。

本人有幸为田中教授的新书作序,深感荣幸,特此为序。

赵克强博士[一]

2015年5月于美国

[一] 赵克强博士是原德尔福中国区总裁、精益企业中国总裁。

推荐序二 丰田生产的会计思维

我们的奇幻发现之旅

因与本书作者田中教授的关系,而认识迄今尚未见过面的译者赵城立先生。与田中教授的关系则缘起于2006年,我连续翻译了两本他的著作——《会思考的丰田现场》与《丰田现场的人才培育》。2009年,田中教授介绍了他的"J成本论"给我,但我希望这是由会计成本的专家来翻译,以求译作的信、达、雅,终于有了赵城立先生的译作出现。

为写推荐序,我从头到尾仔细地读了一遍,果然不负期待,译作承袭了田中教授为让丰田生产方式的门外汉也能奋起试行的愿望,以最浅显、流畅的文字表现,可让读者迅速地掌握作者为了扭转"降低成本＝更低的价格"的既有观念，所开发出来的"J成本论——降低成本＝更低的投入成本＝更高的投资回报率"。这样的想法正可补足一味追求"低价为王，陷入红海"的窠臼，为买卖双方开启了另一扇"双赢之窗"，相信读者可从书中得到许多可以立即活用的启示。

1998年年末，我在中国台湾国瑞汽车公司的职务，被调动到负责推动公司内部与供货商展开丰田生产方式的部门。在此之前，我对丰田生产方式的学习，都是来自较早期的书籍，自此之后，我与丰田汽车公司推动丰田生产方式的大本营——"生产调查部"的诸位前辈有着长期的接触，贴身观察其指导方式，研读、翻译其现身说法的著作，由于自己获益良多，我也愿借此机会将这个过程分享给大家。

丰田汽车的生产管理部生产调查室设立于1969年，其前身是生产管理部的调查科，负责外包供货商的事务性业务。其扩编为生产调查室之后，成员包括铃村喜久男、现名誉会长的张富士夫、间宫逸雄等大野耐一先生的弟子，其业务大幅度地改变为，到供货商与协力企业去指导丰田生产方式的落实，承担近乎普及丰田生产方式"战略司令部"的功能。

大野先生设置"生产调查室"的目的在于"培育人才"。其"秘而不宣"的真正意图，是经由向供货商与协力企业普及丰田生产方式，以及在工厂或是生产现场锻炼的机会，培育出能用丰田生产方式的精髓指导他人的优秀部下。2015年4月，当时配属于生产管理部的"生产调查室"，被编入以培育全球丰田集团制造人才为目的的"全球生产推进中心"（Global Production Center），而该中心也同时更名为"TPS推进中心"。

1999年以后，我直接学习的丰田生产调查部的部长级成员，包括担任国瑞汽车总经理的原田先生，担任丰田生产方式讲座的浅田先生，多次访问国瑞汽车的林先生，新书在中国台湾地区出版的中山先生、田中先生。他们在丰田的职业生涯分布在1968年以后的40多年间，这几十年也正是丰田生产方式向供货商与海外子公司积极落实的期间，他们从刚进公司的新人，到工程师的学习阶段，接着历经现场课长、次长，以至于在生产调查部，以指导者的角色奔走四处和推广，这正是丰田"培育人才"轮回体制的写照。而在此承接、传达的过程中，教学相长，更启发出丰田生产方式随着环境变化而进化的契机。

本书是田中教授的第三本著作，前两本的内容是以"人才培育"为主，这第三本则从传统上主导公司经营的会计学观点出发，将丰田生产方式与经营之间，原已存在却未突显的联结，更清晰地浮现出来。丰田汽车的经营者在1950年为了突破战后的经营危机，开始摸索能"小本经营"的方法，而后成为丰田生产方式。本书即在强调降低成本的方法，除了降低单价之外,还有被人忽略的缩短"投入资本到回收资本与利润"期间(前置时间,Lead Time)的方法,就如同能以较少投资、较短的时间获得相同利润一般,而具有较高的收益力。丰田即以此理念而能屹立迄今。

最后谨以作者的结语,作为我们继续努力的方向:

"企业应该努力提高收益性",即使在利润不变的情况下,缩短前置时间(过程时间)就可以提高"收益性"。以前被认为互为对立的"成本改善和前置时间改善",实际上几乎有着相同的效果。

"逼迫现场去降低成本的做法会使公司走向毁灭。只要确保质量(Q),不断缩短生产时间(D),收益(C)就会随之而来。"

李兆华[⊖]

2015 年 6 月

[⊖] 1988 年从新人开始,李兆华先生参与中国台湾国瑞汽车的工作,在丰田的环境中,学习丰田前辈近 30 年,体认"丰田生产方式"的精髓是借着一代又一代的承传而落实与进化。也愿如前辈般承担承传的责任,希望有更多的人来参与。因而,将这个深植丰田人心中的"成长轮回"称为奇幻、发现之旅。李兆华先生曾任中国台湾地区国瑞汽车 TPS 推进部部长,现为精益企业中国(LEC)资深顾问。

译者序 | 丰田生产的会计思维

继田中正知先生的两本书——《会思考的丰田现场》《丰田现场的人才培育》的中文版相继顺利在华出版后，我们终于又迎来了他的第三本图书：《丰田生产的会计思维》。非常幸运，这一本书田中先生又委托我来翻译。作为田中先生的粉丝，能为这三本书翻译，是我无上的荣幸。

就在不久之前，中国政府刚刚提出了《中国制造业2025》十年规划，指出要在2025年使中国制造业进入全球第二方阵。要想实现这一目标，时间是紧迫的，任务是艰巨的，然而我们所处的环境却是崭新的。恰恰在这个时候，不约而同地，世界主要经济体都提出了制造业的转型升级目标。美国将大力发展制造业的智能网络化，日本将大力推进制造业的机器人化，而欧洲则全力向工业

4.0迈进。虽然表述不同，但这些世界主要经济体对制造业发展的趋势判断和追赶方向显然是一致的，那就是制造业的智能化、网络化。对于这个趋势的形成，在网络化社会的今天来看，似乎是顺理成章的。不过，到底这个趋势是否适合所有国家？是否适合所有制造业？制造业的本质到底是什么？对于这些朴素的问题，我们没有回避的理由。

精益生产的模板——丰田生产方式本身就是朴素的，不管别人把它描述得多么神奇。田中先生作为丰田汽车生产现场几十年的权威专家，对丰田生产方式本质的认识是透彻的，是深刻的。他特别提出了"正宗丰田方式"的说法，以区别那些市面上流行的对丰田生产方式的错误认识。通过翻译田中先生的三本书，以及平时的沟通，我慢慢体会出了田中先生所指的"正宗丰田方式"的真意。

在我们热衷追求生产智能化时，丰田虽然不断更新着盈利记录，手里攥着大笔现金，却毅然放弃了机器人化的计划。当我们还在研究精益生产的工具方法时，丰田的现场却仍然延续着几十年不变的以人为本的育人术。当我们在生产现场拼命想办法要通过降低成本来赚钱时，丰田却时时着眼于生产流程中的时间要素。

可见，如果说我们是在学习丰田，那么根据这个原则来看，我们所学的却是"非正宗丰田方式"。在田中先生写的这三本书中,《会思考的丰田现场》写的是制造哲学,亦即思维方式;《丰田现场的人才培育》写的是育人哲学;而本书《丰田生产的会计思维》则给我们的制造现场提示出了正确的努力方向,或者说是指针。

中国的《易经》有不易、变易和简易之说,这种说法当然也适用于制造业。随着社会的进步,各种新技术不断涌现出来,所以我们当然要适应这种变化,充分享受技术变革所带来的工具、方法上的便利,这就是变易。而另一方面,我们还要时刻把握住制造业的本质,比如过硬的质量、低廉的成本、快速的交货,这是永远不会变的,是为不易。再有,为了实现不易的目标,到底应该选择什么样的工具、方法呢?是不是越先进、越流行的方法就是最好的呢?这里所应该秉承的原则便是简易,即要以简单明了为主,而不是追求流行。

目前,丰田总体上是符合《易经》的这些原则的,这也是田中先生所强调的"正宗丰田方式"之所指。

中国的制造业,总体来说目前还处于三流的水平,与欧美日发达国家相比还有明显的差距。至于中国制造业的转型升级应该走哪条路,恐怕不应该只是简单复制发达国家的做法,而应根据自己的情况选择一条适合自己的道路。选择时的原则,还是应该依据上述的"不易",来选择"简易"的

"变易",而不是跟着"变易"走,去追逐流行、时髦。

从这个意义上说,田中先生的三本书,正是紧紧抓住了"不易"的原则,把制造业企业最核心的内容告诉了我们。本书作为制造现场努力的方向、指针,从会计的角度为我们提供了很好的方法。依据本书的方法,我们可以确立起正确的判断标准,以使我们将有限的精力用在刀刃上。

希望更多的读者能走进本书,走进田中正知先生和他的其他著作。期待田中先生的"正宗丰田方式"能够早日惠及中国制造业。

在这里需要特别感谢同为译者的王志先生,王先生毕业于日本著名的一桥大学经济学会计专业博士课程,在对本书中关于会计专业词汇的把控上,贡献颇多。还要感谢为本书书写推荐序的两位重量级人物——美国的赵克强先生和我国台湾的李兆华先生。本意只想邀请两位老师书写推荐序,不想两位老师非常认真地阅读了全文,不但把翻译的有误之处及时通知于我,还与我进行了观点上的沟通,使我又学到了不少东西。在此一并表示衷心的感谢!

赵城立

2015 年 6 月 20 日

引言 — 丰田生产的会计思维

开始

在大家公司的现场,能够回答下面这些问题吗?

- 社会普遍的看法是,"集合成批量生产就会产生量产效果,从而降低成本"。另一方面,导入丰田生产方式的公司,即彻底实行"小批量多次生产(细致作业,不持有库存)"的公司是出色的,有不少公司正在致力于此。这两者之间难道不存在矛盾吗?
- 不只是"集合生产"。很多公司的销售希望"集中卖出去",采购希望"集中买进来"。究竟是否真的"集中卖出去"就能赚钱呢?"集中买进来"也能赚钱吗?
- 众所周知"时间就是金钱"的格言。丰田生产方式也重视缩短过程时间。那么具体来讲,在大家的公司,"1个小时"中,有多少钱转化为成本,又赚取了多少钱呢?

- "买车""租车"(Lease)与"借车"(Rent)三者相比较,哪种是最有效率的呢?

导入"时间轴"的新管理会计法

为了解决这些疑问,我开发了被称为"J成本论"的新管理会计法。

本书就是为了使大家能够容易理解我的新理论而撰写的。

本理论绝非高深难懂,只是与以前的常识性思维相比,在根本上有着不同的地方。

特别是,在会计领域和财务实务中,与传统的常识性思维有很多差异之处。在阅读本书的过程中,大家会发现这一点,或许会有感觉不自然的地方。

实际上,会计领域正在迎来巨大的变革。从1996年的会计制度改革以来,便开始导入市值会计、修改以前的会计准则等,以波涛汹涌之势,为改变以前的思考方式,进行了各种各样的研究。当然,在如今的全球化时代背景下,还面临着如何与国际会计准则进行整合等一些重大课题。

本书并非直接触及会计的这些变化,只是想在这样大的变革期，对以前会计中忽略的"时间"的重要性，从生产管理和生产现场的角度出发提出一些建议。

综上所述，实际上，本书可以解答大家各自在工作现场遇到的日常问题和矛盾，并提供今后的行动指针。

阅读本书后，相信读者朋友们可以轻松理解书中的真意。这是一种相当于哥白尼提出"日心说"般的巨大发现，不过其实也都是理所当然的事情的积累，是任何人都可以理解的。日语中对此状况有"从眼里掉下鱼鳞"（大吃一惊）的说法，希望大家通过本书可以体验到这一点，并能够在实际现场中活学活用。

在进入正文之前，想先在这里稍微谈一谈为何想出"J成本论"这个概念。这样，也可以帮助大家理解为何需要这种思维。

"J成本论"是从配送中心诞生的

十几年前，我担任丰田汽车公司的物流管理部长，统管从丰田发出去的所有商品的物流业务。某日，当我视察负责将工厂生产的车辆运送到全国销售店的配送中心时，发现可以承载5辆车的运载拖车装上4辆车后静静地停在那里，丝毫没有要出发的迹象。

运载卡车装着4辆平均每辆200万日元的车，等于800

万日元。我很奇怪为什么不快点儿出发呢？配送中心负责人的回答是，"拖车运一趟的费用约 10 万日元，如果不一次运载 5 辆车，每辆的物流费用就会增加。"

我出身贫寒，是家具木工的长子，中学时曾帮忙把父亲做好的柜子、书架等装上两轮拖车，送到顾客那里，并递上账单。

收到钱那天的晚饭总是非常丰盛。第二天，父亲便又去采购原材料了。现在回想起来，这才是最简单形式的"现金流经营"。只不过当时认为这是理所当然的罢了。

在这种环境下成长起来的我，深深体会到现金流的重要性，而对于负责人的回答，虽然脑袋里明白，却怎么也想不通。我的感觉是，似乎应该让**"200 万日元的车，与其以每辆 2 万日元的价格等明天再运，不如以 2.5 万日元的价格今天就运走"**。

从这时起，这件事始终让我感觉不合理，从而开始一直思考利润与时间的关系。于是，便诞生了"J 成本论"。

把"准时化"纳入会计中

构成丰田生产方式的两根支柱是"自动化"和"准时化"。"准时化"换句话说就是缩短过程时间。在丰田，这也是所有活动的中心，但重新思考一下会发现，即使**当初的丰田对"为**

了缩短过程时间，最多可以花多少钱"这个问题，也没有任何理论支撑。

当时丰田的做法是，"不用担心钱的问题，缩短过程时间是丰田的原则"，在此方针下进行了展开。在日本人之间，这种逻辑也许在某种程度上行得通，但是，对于持有MBA学位，严密地运用会计理论行天下的欧美精英们，则是很难行得通的。正因为如此，在刚才的车辆运送的案例中，才更需要将我无法理解的问题，确实地从理论上进行说明。

"时间"阻碍着"赚钱"

我感觉，按照会计上的计算，即使得到相同金额的"利润"，如果考虑到为此而付出的"时间"，则对于该企业的意义就会完全不同。

为了表示这种不同，本书**把按现在的会计理论和计算方法计算出的利润称为"利润"，而将不受此法限制，代表公司的真正利润称为"赚钱"**。希望读者一边注意到这个区别，一边继续读下去。

关于之前所提到的时间与"赚钱能力"的关系，换句话说，就等于回答"**公司的1万日元商品（产品），多放置一天损失多少钱**"的问题。如果不能回答这个问题，就不能让欧美的精英们接受，甚至在很大程度上误导公司的经营。

当我构筑起"J成本论"后，便将其"原型"，即初期理论作为工作总结留下，于2001年从丰田退了下来，到制造大学去赴任了。进而，通过在制造大学的研究，2004年完成了改善评价法的部分。这些研究成果，当然也在丰田进行了介绍，然而遗憾的是，至今丰田尚未对此理论进行全面活用。

不知道现任负责人是否认为"丰田生产方式坚如磐石，根本没有必要使用那些稀奇的理论"，显而易见，就连打破了生产管理常识的丰田，要想打破会计上的常识，似乎也是很难的。

如果丰田使用这个"J成本论"，向欧美人条理清晰地说明"准时化"的原理，并能使这种意识得以彻底贯彻的话，此次来自美国的丰田危机的伤害，可能会稍有减弱吧，遗憾至极。当然，完全避免这次前所未有的经济危机似乎也不太现实，但正是在这样的时代，在实际现场，在进行生产活动时能意识到什么是真正的"赚钱"，其重要性远比以前更为重要。

本书力图通过理解"J成本论"对事物的看法和想法，使各位能重新认识丰田生产方式两根支柱之一的"准时化"在会计上的意义。对于那些每天接触现金流的中小企业，以及不懂会计计算的制造现场的人员来说，"J成本论"也许是最容易理解的。

在贵公司现场，请坚决实行"彻底做好 Q（自动化）以后，不去追求 C（成本降低），而是大力改善 D（缩短过程时间）"。这样，贵公司现场就会充满活力，人才会得到培育。这样坚持下去的话，公司整体的收益性就会得到提高，真正"赚钱"就会随之而来。如果本书能够对此尽到绵薄之力，则会无比荣幸。

2009 年 4 月

目录

中文版序　发行寄语

推荐序一　如果你能掌握本书的三个重点

推荐序二　我们的奇幻发现之旅

译者序

引言

第1章　真正的"赚钱"指的是什么　//1

　　我们对于"赚钱的评价"正确吗　//3

　　"马"和"猪",哪个更赚钱　//3

　　导入"时间"概念进行评价　//9

　　导入"时间"和"资金"的概念进行评价　//12

　　对6种评价法的总结　//15

第2章　应该这样看待"资金"和"时间"　//18

　　"时间的流逝"="赚钱"的能力

　　"浪费在闲置中"　//19

　　"物品"的存在本身也是需要成本的　//20

"1个月后的120日元"与"10年后的200日元" //22

思考"利润率"和"收益性"的区别 //24

是不是只用"利润率"来计算"赚的钱"呢 //26

"超市"和"便利店"在销售战略上有很大区别 //27

第3章　1万日元的库存停留1天会损失多少 //30

库存一般只用"数量"和"金额"进行管理 //31

从"1万日元的库存1天可以挣多少钱"来思考 //32

"库存可以赚钱"的想法 //34

第4章　从正宗丰田方式进化来的J成本论 //37

创造出J成本论的正宗丰田方式是什么 //38

用正宗丰田方式来看自动化和准时化 //40

减少库存的真正效果 //41

缩短过程时间的真正方法 //42

正宗丰田方式的现场改善实况 //43

为什么丰田生产方式的导入不能顺利进行 //45

胡乱降低成本会带来什么 //46

只要确保Q和追求D，则C就会随之而来 //47

需要一个能正确评价准时化的会计理论 //48

在"收益率"的基础上考虑评价法 //50

为冲破障碍而诞生的：新理论=J成本论 //54

明确各指标的单位 //58

第5章 小批量生产赚钱的"真正理由" //60

一般都认为"生产的批量越大成本就越低" //61

对小批量和大批量这两种方式进行比较 //62

导入"时间"因素来思考 //65

关键在于:"收益率"="收益性" //66

验证最大库存金额 //68

减少换线费用本身的思想 //70

不要只着眼于表面的"利润",而要重视:真正

"赚的钱"="收益性" //72

第6章 同步生产和集中生产哪个更合算 //73

为什么"随时随地、到处"都在进行道路施工 //74

方法不同,J成本可以相差5倍 //74

即使"利润率"相同,"收益性"

也会有将近3倍的差距 //81

必须要一个一个来,确实地完成 //82

第7章 昂贵的空运和低廉的船运哪一个更合算 //84

速度是有"价值"的 //85

"价格至上主义"的弊病 //86

即使花时间,也要减少运费吗 //87

斟酌"内容"以后，再来决定"速度" // 89

根据物流情况，计算收益性下降多少 // 91

过程时间比的影响 // 94

一直闲置在仓库里，就会变质 // 96

即使运费增加，收益性也会上升 // 97

企业为降低物流成本所下的功夫 // 97

第8章　在中国工厂生产真的合算吗 // 100

从利润率来看，在中国生产可以赚更多的钱 // 101

如果加上时间概念，就不能说在

中国生产更"赚钱" // 103

选择在国内还是在海外生产，只要有明确的

标准就不会迷惑 // 106

不要忘记"只要移动产品就会有风险" // 109

是否在白白地移动产品 // 110

第9章　为什么库存会增加，如何将局部 最优变为全局最优 // 112

为什么库存会增加 // 113

各部门级别的"排除浪费"是错误的最大原因 // 114

以前的会计理论认为持有库存不是"损失" // 117

"不能断货"的意识很强 // 120

一旦不需要，就要有执行"削减"的勇气 // 121

"看板方式"有效的理由 // 124

为什么用"收益性"来思考很重要呢 // 124

第10章 J成本论应该被这样导入与实践 // 126

将J成本论导入贵公司的方法 // 127

绘制各制品的J成本图 // 128

关于"投入资金量"的想法 // 130

针对不同产品，分别进行"收益性评价" // 130

对企业整体收益力进行综合评价的

"收益性分析图" // 133

"收益性恶化图"的活用 // 137

遵从"J成本论思想"而成功的商业模式 // 138

全局最优≠局部最优的总和 // 143

J成本论的局部最优会改变整个公司 // 145

为了明天的成功 // 147

结语 // 149

参考文献 // 152

附图 各行业的收益性分析图 // 154

第 1 章

真正的"赚钱"指的是什么

- "总说'要改善⊖成本',但现场究竟要如何改善?改善什么?"
- "当提议要减少库存时,被问道'能赚多少钱',不知道怎么回答。"
- "在生产改革的名义下,改善顺利推进,工厂大变样。但是与花费的费用相比,却没有得到相应的成本降低。"
- "经过各种改善,每个数字看起来都是赚钱的,但不知为什么资金周转依然紧张,整体利润也没有上升。"

……

经常可以从不分日夜投入改善,或站在不同立场人的口中听到上面这些与"丰田生产方式改善的会计评价"有关的牢骚。

我自己在丰田汽车的"制造部门"工作时,从各位前辈处得到如下的教诲,即"如果在生产现场一味追求成本降低(C),就是走向灭亡之路。丰田生产方式的现场改善,是通过自动化在确保质量(Q)的基础上,彻底实现缩短过程时间(D)。这样,收益(C)就会随之而来"。在如此实践过程中,也确实取得了相应的成果。

在我看来取得很大成果的改善,却无法得到精通会计者的理解,他们用奇怪的眼神质疑"**为什么只要缩短过程时间,就能赚钱**"。没有能够对此予以回答的理论体系。开头的那些牢

⊖ 此处及本书其他地方的"改善成本"中的"改善"二字请采用正宗丰田方式哲学视角来理解。

骚,实际上也是我以前同样发过的。

经历了极端苦恼的阶段,我找到的答案就是本书的题目"J成本论"。

读完本书,相信读者就能理解"J成本论"。首先,对会计学中的问题点进行一下说明。

我们对于"赚钱的评价"正确吗

当"认可改善本身,但结果却不理想"时,你是怎么想的?

① 评价方法不正确

② 改善本身不正确

实际上,①和②是相互交杂的。

为了推进改善,大家会仔细思考怎么做才好,而对于重要的绩效考核标准,却总是从一开始就认为是正确的,谁都不会去质疑。首先,作为理解"J成本论"的事前准备,与大家再一起重新回顾一下"赚钱"的定义。

下面的谈话内容是来自东京大学"制造讨论会"中的一段话。当思考"马与猪,哪种更赚钱"的案例时,只需要改变一下评价方法,"赚钱的程度"就会发生惊人的逆转。由于是讨论会中的话题,请大家轻松欣赏。

"马"和"猪",哪个更赚钱

日语里有"顿马"一词,译为愚笨。在日文中,"顿马"的发音是"TONMA",借助相同发音,可将汉字改写为"豚马"。

这里就借助这个典故,就"豚马"一词,来分析一下当分别饲养贩卖"猪"和"马"时,哪一种更赚钱。一共有6种评价方法,根据不同的评价方法,结果亦会不同。(这里使用的数值皆为假想数值。)

设问: 某饲养业者针对应该饲养"马"还是应该饲养"猪"陷入了犹豫。

"**马**" 购入幼马的价格为5万日元,饲养费用每月3 000日元,饲养2年后估计能卖25万日元。

"**猪**" 购入幼仔的价格为1万日元,饲养费用每月1 000日元,饲养1年后估计能卖4万日元。

解答: 首先,计算一下每种情况所花费的成本(总成本)。

"马"的成本(总成本)= 5万日元 + 0.3万日元 × 24个月
= 12.2万日元

"猪"的成本(总成本)= 1万日元 + 0.1万日元 × 12个月
= 2.2万日元

根据以上情况,下面将用6种评价法,分别予以说明。

■ 评价法1:只用毛利比较

只用毛利进行比较时,可以按照"毛利 = 卖价 − 成本(总成本)"来计算,根据前面的数值,可得出

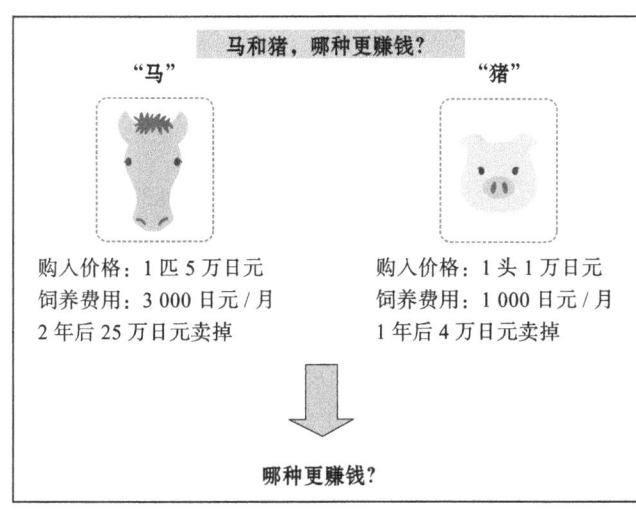

图 1-1

"马" 的毛利 = 25 万日元 −12.2 万日元

= 12.8 万日元

"猪" 的毛利 = 4 万日元 −2.2 万日元

= 1.8 万日元

结论 1:"马"更有利。

评价法 1 认为,养"马"可以多赚 11 万日元。但是,这种方法忽略了第一次投资所花的费用,即忽略了考虑不同购入成本的"赚钱效率"指标,因此,依据此结论进行经营判断很显然是错误的。下面,就来看一看考虑不同购入成本的"赚钱效率"的评价方法。

评价法1:只用毛利进行比较

计算毛利可得:

"马"　毛利 = 卖价 – 成本(总成本)

　　　　 = 25万日元 –[5万日元 +(0.3万日元/月 × 24个月)]

　　　　 = 12.8万日元

"猪"　毛利 = 4万日元 –[1万日元 +(0.1万日元/月 × 12个月)]

　　　　 = 1.8万日元

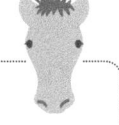

---- 结论1 ----

养"马"可以多赚11万日元。

评价法2:考虑不同购入成本的"赚钱效率"

针对不同的购入成本,从"赚钱效率"的角度进行比较,会发现"比较的是单位购入成本的毛利"。也就是说,针对投资的金额产生了多少比例利润,并对此进行估算。

各自购入成本的毛利率 = 毛利 ÷ 购入成本

"马"的购入成本毛利率 = 12.8万日元 ÷ 5万日元

　　　　　　　　　 = 256%

"猪"的购入成本毛利率 = 1.8万日元 ÷ 1万日元

　　　　　　　　　 = 180%

结论2："马"更有利。

"马"的毛利率是购入成本的2.56倍。比"猪"的毛利率多出0.4倍。可见，评价法2的结论，也是养"马"更赚钱。"用多少资金投入，赚了多少钱？"这种思维在今天的商业行为中非常重要，尤其是中小企业的老板，还有商店店主们，经常会关心"今天进的货赚了多少钱？"

评价法2：考虑购入成本的不同

考虑购入成本5万日元的"马"、1万日元的"猪"的区别，则可用下式来比较：

$$购入成本毛利率 = 毛利 \div 购入成本$$

"马" 购入成本毛利率 = 12.8万日元 ÷ 5万日元
$$= 256\%$$

"猪" 购入成本毛利率 = 1.8万日元 ÷ 1万日元
$$= 180\%$$

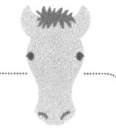

结论2

养"马"的利率为1.4倍，因此更有利。

人们往往会根据所赚的钱数，考虑"明天进多少货"。但是，一般来讲，人们更重视"与卖价相比，赚了多少毛利？"下面，就来比较一下"销售额利润率"。

■ **评价法3：考虑卖价的不同**

为了用销售额利润率来比较，计算各自的毛利÷卖价。

"马"的销售额利润率 = 12.8万日元 ÷ 25万日元

$$= 51\%$$

"猪"的销售额利润率 = 1.8万日元 ÷ 4万日元

$$= 45\%$$

■ **结论3："马"更有利。**

评价法3也认为养"马"更有利，其销售额利润率0.51依然占有优势，只是，与养"猪"的差距已经缩小到1.1倍。

实际上，很多公司都使用这个"评价法3"来进行经营决策。为此，很容易陷入这样的陷阱："卖得越多，购入价格就越便宜，可以赚两层"；"总之，重点是要多销售利润率高的商品"。

那么，真的像上面计算的那样，选择销售额利润率高的"马"来饲养更好吗？实际上，这里还有一个饲养期间的要素，即从购入到卖出的期间不同的问题。前面介绍的几个评价法都忽略了这个因素。

---- 结论3 ----

养"马"的销售额利润率是养"猪"的1.1倍，因此更有利。这个评价法被广泛使用着。

实际上,"马"的饲养需 2 年时间,"猪"的饲养只需 1 年。在饲养 1 匹马到结束为止,可以饲养 2 头"猪"(1 头 ×2 周期)。应该把这项"时间"要素考虑进去,再进行评价。从下面开始,就要导入"时间"的概念。

导入"时间"概念进行评价

评价法 4:考虑饲养周期的不同(1)

这里为了容易理解,把购入价格放在纵轴,饲养期间放在横轴,画图来表示使用资金的状态。

请参照图 1-2。图中"马"的长方形"面积"中,可以将"猪"的长方形"面积"在时间的方向上摆 2 个,在金额的方向上摆 5 个。由于一共可以刚好摆 10 个,因此可以把 1 匹马和 10 头猪画等号,这样再进行毛利的比较就公平了。

"马"　　12.8 万日元 ×1 次 =12.8 万日元

"猪"　　1.8 万日元 ×10 次 =18.0 万日元

结论 4:"猪"多出 5.2 万日元,更有利。

可见,这个结论完全颠覆了前面的几个结论,养"猪"竟然可以多获得 5.2 万日元的毛利。

通过考虑"面积",得出了完全不同的结论。不过,上例中,"马"的"面积"正好等于"猪"的"面积"的 2 倍,因此很容易得出了结论,但当"马"与"猪"的"面积"不是倍数关系时,该如何考虑呢?请继续阅读下文。

■ 评价法4:将饲养期间的区别考虑进去(1)

"马"的购入价格5万日元相当于5头"猪"的价格

"马"的饲养周期为2年,相当于饲养2个周期的"猪"

其关系如图1-2所示,可以用"长方形面积"来表示。

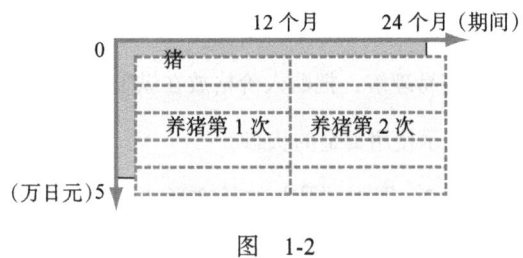

图 1-2

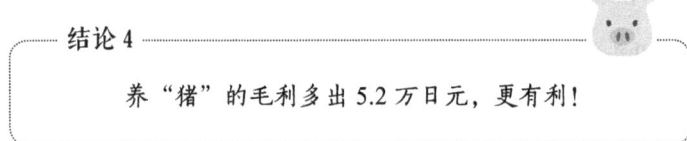

结论 4

养"猪"的毛利多出5.2万日元,更有利!

■ 评价法5:考虑饲养周期的不同(2)

在评价法4中,是将"面积"变成相等后,对毛利进行了比较,这意味着使用(毛利÷"面积")来进行评价。这样定义的话,则

"马" 毛利÷"面积"=12.8万日元÷(5万日元×24个月)

=0.11/月

"猪"　　毛利÷"面积"=1.8万日元÷（1万日元×12个月）

$$= 0.15/月$$

结论5：

"马"　　0.11/月 =1.32/年

"猪"　　0.15/月 =1.80/年

因此，养"猪"更有利。

评价法5与评价法4相同，都得出了养"猪"更有利的结论。由此例可知，使用（毛利÷"面积"），则不管"面积"的形状如何，都可以进行比较。假设不饲养"马"，而是用5万日元购买投资基金，2年后以25万日元卖出，则计算该利润率，得到

利润率＝毛利÷（投资额×期间）

　　　＝（25万日元−5万日元）÷（5万日元×24个月）

　　　＝粗利÷"面积"

此式与评价法5相同。

评价法5：考虑饲养周期的不同（2）

通过计算每"面积"的毛利进行比较

"马"　　毛利÷"面积"=12.8万日元÷（5万日元×24个月）

$$= 0.11/月$$

"猪"　　毛利÷"面积"=1.8万日元÷（1万日元×12个月）

$$=0.15/月$$

使用此法，即使"面积"不能恰好相等，也可以通过"购入金额 × 时间"来进行比较和评价。

> **结论5**
>
> "马"　　0.11/月 =1.32/年
>
> "猪"　　0.15/月 =1.80/年
>
> →养猪更有利！

这里的"面积"相当于"投入资金量"，今后会在很多场合出现。我们把这个"面积"称为"J成本"。"面积"="金额"×"时间"="J成本"。这样定义的话，不管是利润率还是营业上赚的钱，任何形状的"面积"就都可以计算了。（关于"J成本"的详细说明，请参照第4章和第10章）

导入"时间"和"资金"的概念进行评价

评价法5的案例，其实就是"定期储蓄模式"，而实际上每月还会产生饲养费用。每月的饲养费用，只是作为计算毛利时的成本，并没有反映出每月的支付。这该如何处理呢？

每月使用一定额度的饲养费，与零存整取存款非常相似。如果将"首付"看成购买幼马的成本，把"每月的存款"看成饲养费用，把"到期之前累积的存款金额"看成总成本，把"利息"看成毛利的话，就完全一致了。因此，用"定期储蓄模式"来计算就可以了。

那么,这时,分母"金额×时间"计算出来的"面积"该如何呢?

刚才的例子中,每月投入的金额一定,因而形成了"长方形"。这次,在此基础上,考虑将每月投入的饲养费用累积起来,从而形成三角形。用"马"来说,最初是只有幼马费用的长方形,最后则形成总成本的梯形。用这个思路,下面就用"定期储蓄模式"来计算。

评价法 6:把每个月的饲养费用也考虑进去

首先,请参看图 1-3。图中,梯形面积可以直接计算,这里,为了便于理解,将其分成三角形和长方形来进行分析。

"马"的饲养费用的"面积"

=(0.3 万日元 ×24 个月)×24 个月 ÷2

=86.4 万日元·月

"猪"的饲养费用的"面积"

=(0.1 万日元 ×12 个月)×12 个月 ÷2

=7.2 万日元·月

接着,求出"购入成本 × 时间"所得出的长方形的"面积"。

"马"的长方形"面积"

=5 万日元 ×24 个月

=120 万日元·月

"猪"的长方形"面积"

=1万日元×12个月

=12万日元·月

最后,由三角形加上长方形计算梯形的面积,再对其进行"赚钱的评价":

对"马"的"赚钱的评价" = 毛利 ÷ 梯形的面积

= 12.8万日元 ÷(86.4+120)万

日元·月

= 0.062/月

对"猪"的"赚钱的评价" = 毛利 ÷ 梯形的面积

= 1.8万日元 ÷(7.2+12)万日元·月

= 0.094/月

- 结论6:"猪"赚得更多。而且比"马"多赚5成。
- 评价法6:把每个月的饲养费用也考虑进去

▲ 梯形面积=(上底+下底)× 高 ÷2

"马"

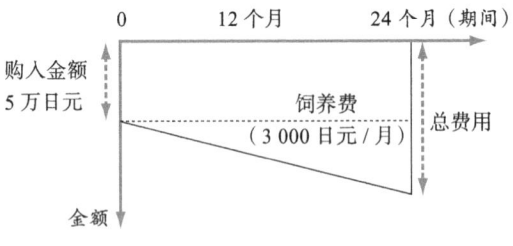

图 1-3

"马"的梯形"面积"

= [5万日元 +（5万日元 +0.3万日元 ×24个月）]×24个月 ÷2

= 206.4万日元·月

"猪"

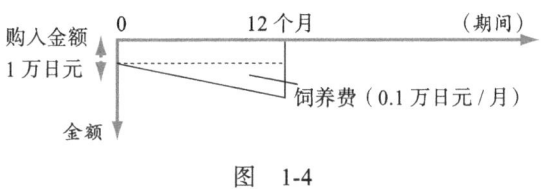

图 1-4

"猪"的梯形"面积"

= [1万日元 +（1万日元 +0.1万日元 ×12个月）]×12个月 ÷2

= 19.2万日元·月

评价法6才是真正考虑时间的评价方法，这种方法称之为"J成本论"。下面，再重新回顾一下这6种评价法。

对6种评价法的总结

表1-1整理了前面分析的6种评价法。

大家将前面所讲的6种评价法比较一下就会发现，其数字之间的差距之大令人称奇。

如表1-1所示，当公司把利润放在第一位时，几乎所有人都会选择第3种"销售额利润率"。

第二多的选择项是第2种"成本利润率(购入成本毛利率)"。

但是,这两种都只是利润率,没有考虑时间因素。

表1-1 "马"与"猪"的赚钱能力评价法总结表

种类	评价方法	评价值 马	评价值 猪	单位	马与猪的比 马	马与猪的比 猪
1	毛利=卖价−总成本	12.8	1.8	万日元	7.11	1
2	成本利润率=毛利÷成本	2.56	1.8	无	1.42	1
3	销售额利润率=毛利÷卖价	0.51	0.45	无	1.13	1
4	反映出成本5倍,期间2倍,对"马"的毛利和"猪"的毛利进行比较	12.8	18	万日元	0.71	1
5	用毛利÷"面积"来评价 "面积"=成本×期间 "面积"="J成本"(定义)	0.11	0.15	/月	0.73	1
6	用收益性(利润率)来评价 收益性=毛利÷"面积" "J成本论"的评价法	0.062	0.094	/月	0.66	1

(株)J成本研究所

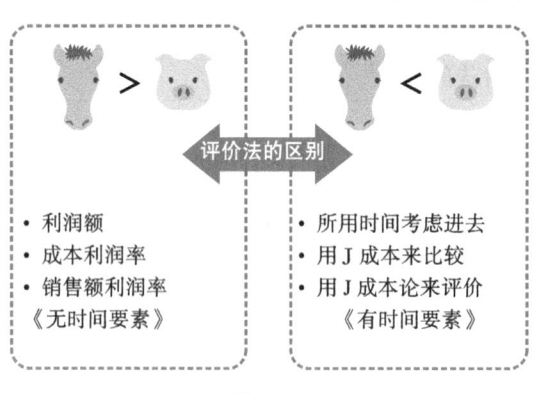

图 1-5

此外，第 6 种的"J 成本论"评价法使用"收益性（收益率）"。本章中所使用的"面积"表示所有的"投入资金量"，如上所述，将此称为"J 成本"。

从第 2 章开始，将对"J 成本"的名称进行论述。

第 2 章

应该这样看待"资金"和"时间"

"时间的流逝"＝让"赚钱"的能力"浪费在闲置中"

在上一章,我们分析了如果只关注"利润",则绝不可能赚钱,而如果加以考虑"时间"因素,才可能真正"赚到钱",并论证了其重要性。

本章中,我们将更具体地从我们身边的事情来思考"资金"与"时间"的相关性。

下面举一个大家都容易理解的例子:向银行贷款。贷款100日元,一年后还款,年利率为5%。

这种情况下,**即使不使用借来的款项,将其放进抽屉里1年时间,利息也不会因此而消失**。如果和银行说"我没有使用该款项,因此也没有收益。让我只还本金的100日元吧",则决不会得到允许。

之所以要支付利息,是因为1年时间需要花费这么多的成本。花费如此多的成本借来的"资金",不做任何用途而放置不用,**等于将资金的"赚钱"的"能力""浪费着闲置不用"**。这是一件多么可惜的事啊。

其实,这个"能力"是由借款"金额"×借款"时间"来决定的。任何一种因素增加都会使"能力"增加,任何一种因素减少也会使"能力"减少。

下面考虑一下使用定期存款模式在银行存款的情况。这种情况下,银行要支付我们"利息"。当然,我们会将之与其他银行比较，看谁家的"年利率"高。因为"年利率"高的话，相同金额的存款，会得到更多的"利息"。这时的"资金"正在给我们赚钱。为了能让更多资金为我们赚钱，我们会把钱存到年利率高的银行。也就是要更有效地发挥其"能力"。

从银行方面来看，用户存入的"资金"会带来成本。**银行把我们的"资金"集中起来后，会进行运用。即，它们不会让"资金"闲置在那里，而要"使其工作起来"**。这就是我们前面所说的，不让"资金""浪费性闲置"。这样来看，"资金"的能力（即 J 成本），以及用何种方法"使其工作起来"，会直接影响到它"赚钱"的程度。这个道理大概谁都很清楚。

"物品"的存在本身也是需要成本的

但是，当"资金"变成"物品"的瞬间，相同的想法却往往不再被活用。

比如，为了生产某产品，购入 100 日元材料时，虽然只是将其放置，但是实际上已经"产生了成本"，然而很多人却往往会忽略掉"浪费性闲置"的作用，如图 2-1 所示。

也就是说，当以"物品"的形式存在时，就很难看清此"物品"上所花费的资金正被闲置。

当然，更不会感觉到该成本会随时间推移而增长，让"资金""浪费性地闲置"，是不会"赚出钱"来的。

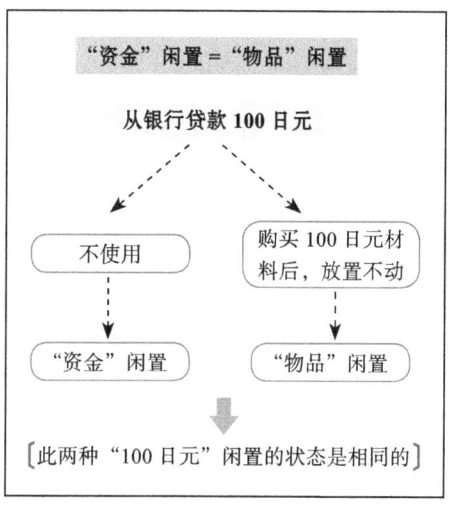

图 2-1

我们必须把"物品"和"资金"等同起来思考。

如同上面举的银行"利息"的例子,应该把"物品"的闲置看成是在耗费成本,即"利息＝成本"。这不是指材料老化价值下降的损失,或者仓库费用等其他各种具体成本。

那么指的是什么呢?是"成本"乘以"时间"。**把在"物品"上花费的"成本＝资金"作为纵轴,"时间"作为横轴,取二者的乘积,就得到它们的"面积"**(参照第1章)。请将此想象成"物品"为赚取利润所持有的"能力"。"不浪费地闲置",做了多少"工作"呢?其结果将以"收益"体现出来。

这是非常重要的一点,下面再来详细分析一下。

对于企业来讲,从购入到卖出去之前的"商品",或从购入材料到产品完成并卖出去之前各阶段的"半成品"和"成品"等，都是"资金"换了个形式而存在于现场的。

无论是材料还是成品，都是相同的。100日元的资金先是转变为原材料，经过加工后，转变为成品。该产品被销售出去，收到货款。**到这个循环结束为止，若用另一种视角来看，"物品"其实就是"资金"**。也就是说，与所有企业活动相关联的"物品"，实际上是最初投入的"资金"的不同存在形式。

这样，最初投入的"资金"被称为"投入资本"。企业就是为了早日收回这个"投入资本"而费尽苦心。

当然，这种情况下，"投入资本"增加了多少，这也很重要的。这相当于不浪费"投入资本＝资金"的"能力"，而做出了多少贡献。换句话说，也就是不浪费"J成本"，增加了"利润"，以提升"收益性"。这才是企业真正所应该追求的。

"1个月后的120日元"与"10年后的200日元"

用100日元生产的产品10年后即使能卖200日元，也不会有人高兴。即使销售价格只有120日元、130日元，由于短期内可以卖出去，公司可以切实"赚到钱"，于是经营便可以继续进行下去。这就是"尽早收回投入资本"。

再来整理一下我们的思路。短期内可以卖出去会使人高兴，10年后再卖出去就麻烦了。这是为什么呢？

我们发现，"时间"似乎是个关键因素。但是，仅用"利润率"的比较是无法解释清楚的。仅从数字上来看的话，即使是 10 年以后，能以 200 日元卖出去利润率仍然会增加。

但为什么要选择"马上卖出去的 120 日元呢？"

也许有人会解释说，"将来的事情谁知道会怎么样？""如果赶不上年终结算就没有意义了"。

但绝非止于此，只要花费时间，其相对的部分就是损失，难道大家没有这种感觉吗？**为了描述这种感觉，化解矛盾，我开发了"J 成本论"评价法。也就是，把"时间的流逝"看成"赚钱"能力的"浪费性闲置"。**

在传统会计计算方式下，一说起成本，都是指"实际花费的（支付的）资金"。用 100 日元购入的材料，只放置 1 天也好，一直闲置 100 天也罢，"100 日元就是 100 日元"。花费的成本都相同。时间完全没被考虑。

但是，如果实际上没有时间的概念，是无法知道"真正的成本"的。这不只限于材料或成品被闲置的情况，如图 2-2 所示。

员工两手闲着，什么都不做，这时，相当于他们各自的能力都在被浪费着。这与开始时介绍的，好不容易从银行借来的"资金"，却一直被存放在柜子里一样。这就像把"资金"存放在年利率为零的银行里一样，是把能力"浪费地闲置"着。

大批量生产某产品，则单价会降低。一次性大批量运输，则运费会下降。这些都是现场的常识，在其影响下，这些"物

品闲置"的现象十分普遍。"物品"闲置，就等于浪费了"赚钱的能力"。这是必须牢记的。在评价企业的业绩时，传统会计制度最大的问题是，忽略了这个"物品闲置"的现象。

时间产生"成本"

Ⓐ 100日元的商品1个月后以120日元卖出
Ⓑ 100日元的商品10年后以200日元卖出

只考虑"利润率"的话，应该选B。
但是，现实中很多人选A。

⬇

[在人们的意识中，会感觉到：时间流逝
本身正在浪费着资金的能力。]

图 2-2

思考"利润率"和"收益性"的区别

知道了传统会计制度的问题点，下面我们从与时间相关的视点，来说明一下大家容易误解的"利润率"和"收益性"的区别

从结论来看，本书对此二者是如此定义的。

利润率　每次营业活动赚多少钱

收益性　某一定期间（通常是某一会计期间）赚多少钱

利润率是指"每次营业活动赚多少钱"。比如，用100日元购入的产品，比起以120日元卖出去，当然以150日元卖出去时

的利润率更高。或者，以前用 100 日元购入的产品，如果能够用 80 日元采购进来，成本就下降，当然利润会增加，其结果，利润率就上升了。要想提高利润率，就要"低价买入，（生产），高价卖出"。

另一方面，收益性指的是，"某一定期间（通常是某一会计期间）赚了多少钱"。如果将其想成存款利息或分红等，就更容易理解了。如向银行存入 100 日元，如果 1 年后能得到 10% 的利息，就相当于 1 年时间"赚了"10 日元。如果这是半年复利⊖的话，前半年后"赚到"10% 的利息 10 日元，而后半年结束时又可"赚到"11 日元。也就是说，从最初存款开始，同样是 1 年后，这种情况下，"赚了"21 日元，具体如图 2-3 所示。

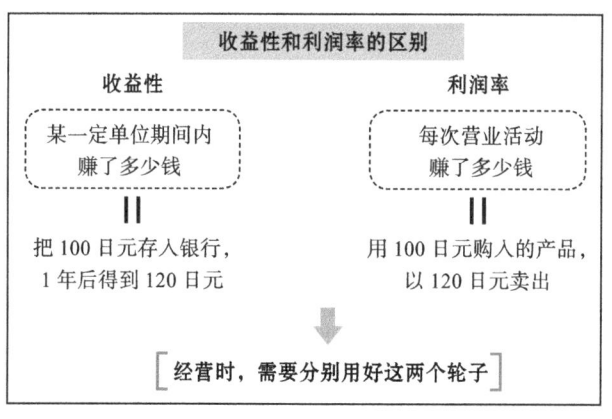

图 2-3

⊖ 半年复利：相对于一年赚到 10 日元，半年复利相当于半年就能赚到 10 日元。

使用年利率来重新计算，则其"所赚的钱"是年利率21%，竟然多赚了1倍以上。显然，谁都会选择半年复利的方法。这时，大家不是看每次赚多少"利润"，而是看相同时间内（单位时间）"赚了"多少钱，然后进行比较，做出选择，这就是"收益性"。

是不是只用"利润率"来计算"赚的钱"呢

要想使买卖成功，使经营安定，必须区别地看待利润率和收益性。也许经营者会认为"那是当然的"。

但是，真是这样的吗？试问读者朋友，大家是正确地区别了利息率和收益性，并根据需要分别使用的吗？

从银行贷款时，谁都会请求银行以尽可能低的"利息"贷给自己。"利率"对于贷出方的银行来说是"所赚的钱"，准确地说，代表了银行的"收益性"。

另一方面，用借来的钱购入商品再卖出去，或者采购材料，生产成产品后卖出去，在这样的现场，**谁都会最先想到要"低价买入，高价卖出"，而忘记时间轴。这就是在用"利润率"进行思考。**

表面看来，似乎二者都是在追求"赚钱"的最大化。公司似乎都在巧妙地分别使用"利润率"和"收益性"，选择对公司更好的方案，而实际上真是这样吗？用"利润率（每次营业活动赚多少钱)"来思考,不会有问题吗?

下面,从某行业不同销售战略的事例出发,来分析一下这个问题。

"超市"和"便利店"在销售战略上有很大区别

从"J成本"的思路去看,就会发现现场有很多错误的选择。表面上看似乎很合算,但实际上经常是在制造损失。其代表事例就是超市。

相反,时刻关注时间,从而使业绩迅速提升起来的是"便利店"。下面就此二者的区别做一分析。

"超市"一般采取的都是"大量采购,低价购买"的战略。大量采购的结果,会忽略"物品冬眠"的现象,即认为只要能够"低价买入,高价卖出"就行了。

而另一方面,"便利店"实行的是,即使购入单价稍微高些,也要最优先考虑"增加买卖次数,提高资金周转率"。这里不像"超市"那样,一下子摆上很多商品,而是采取"需要多少进多少,卖出多少补充多少"的方法。比如,中午刚过或晚上,当盒饭快卖完时,便利店便会马上补充上,这些可能大家都遇到过。

那么,"超市"和"便利店"相互竞争的结果如何呢?正像DAIEI破产所象征的那样,"超市"行业已经摇摇欲坠了。

为了生存，行业内频繁进行并购，现在，几乎已经成了 Seven & I Group 和 Eon Group 两强平分秋色了。行业的规模虽然还很大，两强以外的中小超市却正在陷入艰难的困境之中。甚至即使这两强，超市部分的各部门营业收益和营业利润率也不过是 1% ～ 3%，都是非常低的。也就是说，"超市""没赚到钱"。

而另一方面，便利店行业中，虽然也出现了行业调整的动向，但是整体上与超市相比，似乎还是更有"赚钱能力"的。

比如，Seven & I Group 原本就是为使子公司 Seven Eleven（便利店）帮助母公司 ITOYOKADO（超市）而成立的相互持股公司，从中两者的力量对比可见一斑。

2008 年 2 月的结算显示，超市部门和便利店部门在营业利润率上竟然相差了 6 倍。从中也可看出，超市的衰退和便利店的抬头。

下面，再一次对两者的战略进行比较，可以这样分类。

① 大量采购低价购买，增加毛利。

② 增加买卖次数，加快资金周转。

不用说，①是超市的战略，②是便利店的战略。

实际上，这不只反映了超市和便利店行业的情况。在很多其他行业里，也都存在着很多公司热衷于①，而轻视②的现象。

但是，其实与①相比，很多情况下采取②是更容易的。特别是在制造业，当要求现场责任人需要对下面2组情况进行选择时——

- "将成本降低1%"；
- "将生产过程时间缩短1%"。

现场责任人一般都会选择后者，原因就是其更容易实现。如果能够把这种现场的感觉进行活用，公司就应该可以选择②的战略。

但是，这里如果没有"库存＝物品冬眠＝错误"的认识，就会很容易陷入"只要大批量采购（或者只要大批量生产），成本就会降低"的思维之中。从而被当时的"利润率"所迷惑，以至于损害整体的"收益性"。为了避免这种情况的发生，也需要彻底理解让"库存"冬眠的可怕后果。下一章，将在"J成本"思想的基础上，对让"库存"冬眠会产生多少损失进行探讨。

第3章

1万日元的库存停留1天会损失多少

库存一般只用"数量"和"金额"进行管理

你们公司的仓库里有多少库存呢?

如果以每个 100 日元的价格购进 1 000 个零部件,材料库存就是 10 万日元。此外,还有成品和半成品的库存。

这些在会计账目上,会分别被归类为材料、半成品、成品。从材料到成品,**公司内的库存在会计上都被称为"存货"**。这些金额的合计在财务表上都被记为"存货"金额。这表示库存的总金额。

但是,在结算时,如果不去实际盘货,就很难算出准确的数值。

仅是生产出产品,还不能算作收益。只有将成品卖出去以后,才能作为销售额记账。在销售后收到货款(当然有些情况是先记为应收账款,而不能马上收到现金),这时才能把库存变成现金。

只要不是无库存经营等比较特殊的行业,一般都会先成为公司的库存,然后再卖出去。

库存一般都是用数量进行管理的。如"单价多少钱的商品几个""单价多少钱的材料几千克"等,都是通过"单价多少,有多少量"作为尺度进行管理的。

这时,这些库存究竟在仓库或现场存放了多长时间等,都被忽略了。**传统的会计方式,完全没有顾及"库存已经放了几天了？"的想法。

因此，就无法知道长期持有库存会给公司带来什么样的风险。换句话说，很少有人会去注意"1万日元的库存停留1天后，会带来什么样的损失"。

从"1万日元的库存1天可以挣多少钱"来思考

那么，究竟"1万日元库存放置1天后会损失多少呢？"面对这个问题，几乎所有的会计负责人都会只考虑用于库存的资金的利息支付上，从而拿出银行的贷款利率，回答道，"1万日元的库存放置1天，最多不过损失5日元而已"。看起来这个答案似乎很有道理，也有说服力。但是，这样的想法真的正确吗？就没有别的方法了吗？

下面使用库存和毛利（销售总利润），用实际数值来分析一下。

这里，将"1万日元库存放置1天会损失多少钱"的问题，变为"**1万日元的这些库存本来1天应该赚多少钱**"，进行一下思维上的转换。

首先，算出"1万日元库存1年可以产生多少毛利"，再将其数值除以365天，便可以得出该库存1天可以产生多少毛利。这里将其定义为"**库存毛利率**"。

$$库存毛利率 = 毛利金额 \div 库存额$$

假设，库存是 100 万日元，毛利是 500 万日元，则计算"库存毛利率"可以得到下式。即该公司不让库存停留，每天都在赚钱。

毛利 500 万日元 ÷ 库存 100 万日元 = 5
$$= 500\%$$

通过计算可知，库存在 1 年内赚到了相当于本身 5 倍的毛利。那么，1 万日元的库存 1 天可以赚多少毛利呢？

---
1 万日元 × 500%（库存毛利率）= 5 万日元（1 年）

5 万日元 ÷ 365 = 137 日元（1 天）

---

1 万日元每天赚多少钱？

计算方法

求出 1 万日元库存每年所产生的毛利，再将该数值除以 365。

案例

| 存货 | 100 万日元 |
| 毛利 | 500 万日元 |

$$500 \text{ 万日元} \div 100 \text{ 万日元} = 5$$
$$= 500\%$$

→ 库存可以赚 5 倍的毛利

1万日元×500%=5万日元

→1万日元的库存资产，1年可以赚5万日元的毛利

5万日元÷365天=137日元

→1万日元的库存资产每天可以赚137日元

通过这个计算可以知道，1万日元的库存1天应该可以赚到137日元的毛利。因此，如果让这些库存放在仓库里，就会损失这部分金额。

换句话说，"如果将1万日元的库存放置1天，就会丢失137日元的收益＝损失"。

"库存可以赚钱"的想法

"库存1天可以赚多少钱？"实际上就是上一章说明的"收益性"的问题。上例中的公司1万日元每天都能赚137日元。每天赚137日元，一共是365天，加起来共能生出5万日元的毛利。

再举个例子，丰田2008年3月期的实际业绩为，"库存毛利率"是806.27%。也就是说，丰田1万日元的库存，如果工作1年，就会赚到80 627日元，即1天可以赚到约221日元。而如果多保有1天库存，就会有221日元的损失。

1万日元×806.27%（库存毛利率）=8.0627万日元（1年）

8.0627万日元÷365天=220.9日元

下面将这个结果套用在本书开始时介绍的丰田配送中心的事例中。在配送中心的运输车上，停放着 4 辆平均 200 万日元的车。由于 1 万日元的库存多放置 1 天就要损失 221 日元，因此 200 万日元就是要损失 200 倍的金额。

221 日元 ×200 倍 ×4 辆 =176 800 日元

也就是说，让 4 辆车多停放 1 天，就相当于 176 800 日元的损失。

这样看来，大家可以知道这绝不是可以忽略的数值了。顺便提一下，当时的负责人所考虑的物流费损失大概是：

（2.5 万日元 −2 万日元）×4 辆 =2 万日元

这就是 176 800 日元和 2 万日元的比较。不管怎么看，都是应该让装上 4 辆车的运输车马上出发。如果是现在遇到这种情况，就可以用"J 成本论"的思想去说服那位负责人了。

"将 1 万日元的库存放置 1 天"，如果只考虑该库存所需资金的银行贷款利率，就会认为损失最多不过是 5 日元而已。

在最近金融不安定的局势下，可能这部分利率损失还会增加 1 倍。但即使这样，与从这部分库存应该得到的收益相比，还是要少得多。

从公司的"收益性"角度来看，损失的金额可能会是几倍、几十倍。

希望读者朋友们也可以使用各自公司的"库存毛利率",计算一下1万日元库存1天应该可以赚多少钱。这样,大家就会清楚放置库存是一件多么浪费的事情。

下一章以后,关于使用"J成本论"后可以看到的表面"利润"和真正"赚的钱",我将用更具体的各种事例进行解说。

第 4 章

从正宗丰田方式进化来的 J 成本论

从第1章到第3章，用我们身边的具体事例，对J成本论的概要进行了说明，并论述了什么是真正的赚钱。本章将通过对J成本论的原点——正宗丰田方式进行解说，使读者加深对J成本论的理解。

创造出J成本论的正宗丰田方式是什么

进入丰田汽车以来的25年间，我一直在参与工厂现场的改善活动，可以说我成了一个纯粹的改善专家。后来，转到总部，担任了负责丰田生产方式咨询和展开的生产调查部部长，之后又担任了物流管理部部长，在丰田集团内部指导了8年改善活动，后来又到制造大学担任教职，现在作为一个旁观者，从外部客观地观察着丰田生产方式。

从这样的立场出发，我通过对丰田生产方式进行的现场改善实践，以及对其有阻挠作用的会计学进行的研究，创造出了一套全新的理论J成本论。

本章说明我为什么要创造J成本论，读者们将理解为什么需要一个会计理论对改善进行适当的评价，以及为什么以前的会计理论无法完成这项任务。

J成本论是在追求丰田生产方式的改善过程中，必然产生的。

下面对J成本论的根源，同时也是J成本论必要性根源的丰田生产方式，先对其思想进行说明。

这里先要声明，本书并不是介绍丰田生产方式具体手法或详细知识的文献。这里要说明的是，与丰田生产方式整体相关联的思想，以及其根本上的、本质上的哲学思想。本书将此称为"正宗丰田方式"。

正宗丰田方式绝不是为了追求利润，也不是为了扩大市场份额，而是要使企业实现可持续性发展。用英文说就是"sustainability"（可持续性）。追求利润、扩大份额等只是支撑这个目的的手段。

大家都认为丰田生产方式是由自动化、准时化这两根支柱构成的，但光凭这些是无法把丰田方式说清楚的。应该认识到，这两根支柱都是在某个哲学的基础上建立起来的，而这也正是正宗丰田方式的关键所在。

这里的哲学是非常日本式的，过去几乎所有的日本公司都有，只是在如何表现，如何传承上稍有不同而已。正宗丰田方式的思想可以由以下4个方面来代表。

（1）**尊重人性**。不从公司的角度解雇员工，对事不对人。接受实事求是的员工，与公司实现共同成长。重视团体合作，等等。

（2）**诸行无常**。企业是一个生物体，不锻炼就会衰弱，不改变就会灭亡。每日要改进。今天也是为明天做准备的日子，等等。

（3）**共存共荣**。顾客第一，交易商和当地社会、环境保护、员工、股东等要与和公司相关的所有事物都实现共存共荣。要想在其中胜出，只有锻炼自己，"以速度取胜"。这就是追求JIT的理由所在，等等。

（4）**现地现物**。所有问题都发生在现场，其解决的对策也在现场。但是其真正的原因却在别的地方，因此要反复问为什么，等等。

（如果有想进一步学习"正宗丰田方式"的读者，请参照拙著《会思考的丰田现场》。）

用正宗丰田方式来看自动化和准时化

这里，我想对丰田生产方式的两根支柱——自动化和准时化进行介绍，再从其思想的基础部分，即从本书中的"正宗丰田方式"出发，加以说明。

首先，丰田生产方式中的"自动化"是明治时代丰田佐吉在发明自动织机的过程中想出来的。意思是让机器可以自己"检查工作的结果"，一有异常马上当场予以解决，绝对不流向后工序。这里指的不单纯是停下机器，同时还指出了对待异常的态度。从这个意义上说，这是个非常重要的经营理念。

这个思想再发展下去，就产生了"问题可视化"（Visual

Control)、"自律化""在工序内植入品质"等想法。在正宗丰田生产方式中，比起各种手法，丰田则更重视这些思想比。而且，还把"经常向着更高目标不断进行改善"看作自动化的终极状态。也就是说，在"自动化"中，包括了要努力做到绝对保证品质，不间断持续改善的过程等所有内涵。

另一个支柱——准时化是丰田汽车创始人丰田喜一郎创造出来的思想。在刚创业时，为了应付美国三大汽车公司，无论如何都需要一种用少量资金也可以参加竞争的独特方法。为此，便产生了"不让库存闲置，全负荷运转"的做法。

在准时化中，有减少库存和缩短过程时间这两层意思。这个部分与J成本论中的核心——时间概念有着密切的关系。因此，对于这一点，下面将做更进一步的详细说明。

减少库存的真正效果

在工厂运营过程中，能够减少库存的状态，即"少量库存"意味着当发生产品品质不良、出勤状况不好、设备发生故障等情况时，都会出现"来不及交货"的问题。

这就相当于随时都让工作现场处于背水之战的状态下。这种紧张感可以激发出员工的干劲儿来，并促进团队合作。在接受过专门训练的干部带领下，员工们也会被逐渐锻炼成为合格的企业人，其结果，便会形成强大的现场。减少库存和下面将要讲述的"缩短过程时间"在有一定水平的生产现场,都要会开展以建造强大现场为重点的准时化活动。正宗丰田生产方式对这一点特别重视。

缩短过程时间的真正方法

这里从"客户角度的过程时间"和"制造现场角度的过程时间"的两个观点出发进行说明。

1. 缩短从接到订单到交货的过程时间(顾客要求的过程时间)

根据发出订单后几天可以收到货物的时间不同,客户企业所需要的库存量会发生变化。比如,当第 2 天就能收到货物时,客户便可以不准备库存。这样,也就不会出现库存占用资金的浪费,同时保管库存用的仓库空间及其管理等也都可以不要了。因此,客户当然愿意选择第 2 天交货。

由此看来,只要能缩短从接到订单到交货的过程时间,就可以提高自己的市场竞争力(Value Up),从而也就可以增加销售。

但是,如果为了达到这个目的,故意保有很多成品库存,为的是当接到任何订单时都可以马上交货,结果会怎样呢?这时,会由于大量的库存,而使自己公司的收益性受到威胁。

因此，一边要缩短从接到订单到交货的过程时间，一边还必须尽可能减少公司内部的库存。

2. 缩短材料入库、制造、交货的过程时间（制造的过程时间）

从材料进入公司后，进行加工、生产出成品，直到交货的过程时间，一般被称为"制造的过程时间"。缩短这一过程时间，在会计上意味着减少库存（＝盘货资产），从而实现增加现金流。如果推行此方法，则公司的"收益性"就会得到提高。

正宗丰田方式将这种思想更加提高了一步，即为提高公司利润率的方针、方法，包括降低成本而努力，本来首先应该是企划、设计等总部的管理部门来负责的。

而现场则应该专注于准时化思想，缩短过程时间。

正宗丰田方式的现场改善实况

这里来谈一谈虽然按照正宗丰田方式的思想推进现场改善，但却常常会有中途放弃的现象。

正宗丰田方式主张在导入过程中首先要从确保品质（自动化⊖）入手。要在各工序的出口安排严格的检查，以保证不管发现什么样的次品都不能流出去，检查中发现次品要马上反馈到

⊖ 常听到"不接受不良，不流出不良，不制造不良"，但这里所提到的自动化则只有"不流出不良,不制造不良"，以不流出不良为手段，追求不制造不良为目的，这即是"将质量植入生产工序内＝自工序完结"的真意。因此，也将不需要"不接受不良"。

发生的地方。这里所说的检查不是只在出货前设置独立的检查工序就行了,而是要在每个工序里都随时确认质量,必要时要将生产线停下来查找真正原因,这种彻底防止次品再次出现的思想才是最重要的。

这叫作"自工序完结"。这样不断推进改善,从而实现:将质量植入生产工序内。

在确保质量的基础上,通过展开整理、整顿等5S活动,工厂里的空间就会多出来。于是,可以有效地活用这些空出来的空间,以推进改善。另外,通过重新改善工序中的作业,实行标准化等,可以使多余的工作显现出来。

将这些多余的工作实行重新分配,就可以空出人手来,从而编成专门的改善小组,可以加强改善。这样,改善成果便可以不断地传播出去。

在现场,浮现出来的作业时间,用于探讨设备故障对策、增加换线(搬运)次数,推进小批量化等。这样,就可以将生产工序变得像"不停滞的小河流"那样顺畅。其结果,也就可以实现过程时间的缩短。

一般到这里都会很顺利,从我的经验来看,**导入丰田生产方式,1～2年内改善都会很顺利,现场会大变样。**

① 工厂内的空间变大;

② 现场的设备故障、次品大幅度减少;

③ 即使不算改善小组，也会出现不少剩余人员；

④ 可以应付增产或到其他工厂去支援；

⑤ 工序内库存减少；

⑥ 过程时间缩短。

可见，改善的结果都是很诱人的。

为什么丰田生产方式的导入不能顺利进行

但是，这里存在着一个很大的挑战，即对现场实施的财务上的KPI（重要业绩评价指标）只有成本降低这一项。经过上面举出的那些改善，即使取得了相当的成果，**能够得到承认的也只是对降低成本有贡献的部分，从上例来说，只有②的次品部分的材料费削减和③的劳务费削减**。

通过现场的努力，最终能够减少的成本中主要是劳务费而已。这意味着，要想降低成本，就只有减少工时。从以前的经验来看，很多企业每年都要求比上年同期降低百分之几的成本。其结果，导入丰田生产方式以后，1～2年的工时减少都会很顺利，但从第3年左右开始，便很难再减少了。

而另一方面，库存还有很多，过程时间也很长，需要改善的地方还有很多，**却由于这些地方的改善在财务上看不到直接的效果，而使现场的努力得不到管理层的认可**。这真是令人悲哀的事情。

其结果，本来还有很多需要做的课题，而很多情况下，好不容易组织起来的改善小组却经常不得不面临被解散的命运。甚至，有的干部为了一味地追求工时减少，还会全盘否定通过现场员工们的努力奋斗才得以实现的小批量化、库存减少等改善成果，从而返回到大批量化、增加库存的状态。遗憾的是，这些正是我曾经经历过的改善活动的实际状况。

很多公司在开始导入丰田生产方式时都会大张旗鼓，而几年以后，却变得逐渐偃旗息鼓，从我的经验上来观察，上面的理由就是其主要原因之一。真是非常遗憾的事情。

胡乱降低成本会带来什么

20世纪90年代以后，世界经济的全球化不断发展，各企业都面临着来自全球的激烈竞争，日本的生产现场也处在一片危机之中。于是很多企业为了降低劳务费，便纷纷到海外投资设厂。在21世纪的今天，这些行为所带来的后果是，比如"日本国内技术的空洞化""技术流出海外"等越来越明显。

还有，**很多企业单纯地认为，只要降低制造成本，公司就能赚钱，于是给现场施加了过大的降低成本压力**。当然，降低成本绝不是什么坏事，但是如果胡乱地降低成本，比如将年长员工换为年轻员工，将正式员工换为临时工等，形成所谓"劳务费的变动成本化"的局面，则长年以来传承下来的固有技能就会陷入断层的危机。

而且，更令人担心的是，随着现场团队合作的消失，现场会逐渐变成无力进行自主思考的，所谓"机器人集团"的现场。这与开头讲到的正宗丰田方式所期待的现场正好相反。

我认为，这些都是因为对正确的收益性理解不足而产生的。**几乎所有重视成本降低的企业，都忘掉了时间的概念**。因为，时间是包含在 D（交货期）中，而不是 C（成本）中。在思考真正的"收益性"时，应该最先追求的，不是直接的 C（成本）。实际上在此之前还有更重要的东西。

只要确保 Q 和追求 D，则 C 就会随之而来

把上面的内容简单总结一下就是，现场的产出是 Q（质量）、C（成本）、D（交货期），**如果将 C（成本）强加给现场，则对于只能削减劳务费的现场来说，是没法进行作业改善的，因此会很为难**。

其结果，受到"取消不会马上产生效果"的教育以及"训练诱惑"的驱使，而接下来，又会着手取消质量检查、设备点检、维护作业，最后，甚至会将黑手伸向制造工序本身。

通过最近轰动日本媒体的一连串企业事件，以及多次出现的质量问题等可以看出，正是因为现场力量薄弱的干部面对上司强加给自己的压力，不得不接受上述诱惑，从而走向上面这些歧途的。

正宗丰田方式不对现场过分强调 C（成本降低），而是彻底做好 Q（自动化），追求 D（缩短过程时间）。这样，真正的 C（收益性）就会随之而来。这才是我所学到的正宗丰田方式的关键所在，我也是常常在这种认识下去实施改善的。

读到这里，读者朋友也许会问，为什么收益性会随之而来呢？这要从上一章讲到的，真正赚钱的收益性观点来进行说明。这部分也是以前的会计理论所没有说清楚的地方。同时，也正是从这个疑问开始，才产生了我的 J 成本论。

需要一个能正确评价准时化的会计理论

以前，日本的企业经营一般都是重视财务报表中的利润表，即利润重视型思考。特别是在 20 多年以前的泡沫经济时代，有一种很浓的只顾追求眼前利润（金额）的风潮。其结果，很多企业以积极投资的名义，借了大量资金。

当商品或产品卖得好时，大家会很高兴，而当卖不动时，这些债务便会压得企业喘不过气来，从而很多企业便因此而破产。有了这些经验以后，据说很多企业已经认识到，对公司的评价不能只是通过利润额，而是更要重视投入资金量产生了多少利润的 ROA（总资本利润率）或 ROE（投入资本利润率）等收益性指标。

另一方面，前面已经讲过丰田生产方式的两根支柱之一"准时化"的来历，那是在丰田汽车的创业初期，与当时不可一世的美国三大汽车公司的产量相比，丰田的产量只有其1/800，在这种情况下如何与对手竞争？最终，创始人喜一郎经过仔细思考，便想出了这个理念。

这里再确认一下，**这种战略就是，"即使用很少量资金，只要能快速运转起来，便可以与大资金进行角逐"**。所谓"快速运转起来"，具体指的是，"尽可能小批量、多频度地进行生产"。

从那以来，大概60多年，正是一步一步地按照"准时化"的原则去做，才成就了今天的丰田。但是虽然这个"准时化"有如此大的成绩和贡献，在会计学中却没有有效的理论对其进行说明。为此，对于企业而言，改善的效果不能得到评价，于是改善就有可能偏入邪道，或者好不容易达成的改善，也会被信奉"美国式大量生产"的股东、经营高层以及深受其影响的现场干部或上司们破坏掉，很难一帆风顺地进行下去。

在这种情况下，现场的管理监督人员以及改善人员等，**都在期待着一个会计理论，可以对"准时化"改善的效果条理清晰地进行说明。这就是"J成本论"诞生的背景**。这样解释，相信读者朋友们就可以对"J成本论"的意义和必要性有些理解了。

事实上，在现场，有关 C（成本＝降低成本）的内容要比想象的少，而 D（交货期＝缩短生产期间）的内容却有很多。实际上，丰田的很多前辈就曾经被派往不少公司，在其面临破产的危机时，通过导入"正宗丰田方式"，缩短生产周期，使"收益性"得以恢复，从而实现了企业的重建。

但是，目前还没有能够对"彻底做好 Q，再追求 D，C 就会随之而来"进行明确说明的会计理论。

因为没有人会对 Q（质量）的重要性提出异议，所以问题在于 C（成本）和 D（交货期＝时间）的关系上。长时间以来，能够明确说明 C 和 D 的关系的理论一直为世人所期待。这用一句话来说，就是能够回答前一章题目的理论：

"1 万日元的库存放 1 天会损失多少钱？"

必须有一种能够说明"时间"与"赚钱"的关系的会计理论。而这个理论的提示，就存在于我们日常生活中经常使用的"利息与利率"的思路之中。

在"收益率"的基础上考虑评价法

一般在表示赚多少钱的"利润率"中，对其计算方法是用下式来表示的。为此，很容易认为，只要降低成本就行了。

一般利润的计算方法

利润 = 卖价 − 成本

其结果，比如 10 万日元进的货 11 万日元卖出去时，不管卖出去的时间是进货以后 1 个月还是 10 个月，通过在会计上的销售金额计算，对此二者的评价是相同的。

这里走个弯路，先来看一看"利息和利率"。这里，需要考虑一下钱的借贷问题。比如，贷出 P 日元，T 天后收到加上 R 日元利息的还款，计算一下这时的利率。将借款期间的利率定为 Q，则

借款期间的利率

R 日元 ÷（P 日元 × T 天）=Q/ 天

这样便可以对其收益率，即"赚钱"的程度进行计算。"收益率"指的是每单位时间所"赚的钱"。即与本书中不断重复说明的"收益性"意思相同。这个收益率的计算，是我们日常生活中非常自然的行为。这里关于"收益性"的想法，不是什么特别的东西，而是日常生活中司空见惯的。

因此，在这种关于钱的借贷中，假设贷出 10 万日元收到 11 万日元，当遇到"是 1 年后好？还是 2 年后好？"的问题时，大概所有人都会用加入时间要素的前述"利率公式"计算以后，毫不犹豫地回答"1 年以后好"。为了明确起见，这里对两个条件进行计算，可以得到：

> 由时间（期间）的不同带来的收益率不同
>
> ● 贷出 10 万日元，收到还款 11 万日元时
>
> **还款在 1 年以后**
>
> 收益率 =1 万日元 ÷（10 万日元 ×1 年）= 0.10/ 年
>
> **还款在 2 年以后**
>
> 收益率 =1 万日元 ÷（10 万日元 ×2 年）= 0.05/ 年

也就是说，当 1 年以后收到还款时，"赚的钱"是贷出金额的 10%，而当 2 年以后时，则每年便减少为 5%。可见，时间的不同造成了"赚的钱"的不同。希望读者此时可以真正认识到，当分析"赚的钱"时，必须要考虑时间的重要性。

在进行这个计算时，我们无意识之中便把分母列为：

10 万日元 ×1 年，或 10 万日元 ×2 年

这里是把金额的"日元"和时间的"年"乘在了一起。实际上，正确地说，这部分应该是"日元·年"这种从未听说过的单位。

类似的例子还有，比如在生产现场，表示人的工作量时，会用：

> **人的工作量的计算方法**
>
> $m（人）\times n（天）= mn（人 \times 天）$
>
> $= mn（人工）$

由于"人工"的单位已经在现场被广泛运用,因此大家对这个式子也不会感到奇怪。

其他的还有很多,比如"某个东西使用了多少时间"等量的概念。

由此看来,似乎只有在计算钱时,"金额 × 时间"的表示方法一直没有被公开使用,但仍可以考虑吧!因此,需要对此概念和单位进行重新定义。

思考的方法请参照下例。首先,从经常使用的利息计算方法开始整理。假设将 α 日元存 n 年后,得到 θ 日元。

将 α 日元存 n 年后,得到 θ 日元时的利率

利息 π 日元 $= \theta - \alpha$(日元)

利率 $= \pi$ 日元 $\div (\alpha \times n$ 年$)$

$\quad = \pi \div (\alpha \cdot n)$(单位是 1/年)

这里的利率公式的分母相当于图 4-1 中长方形的面积。

由这个金额和时间相乘而得出的面积,会计上并没有相关的概念定义。因此我将此长方形面积定义为"投入资金量"。

但实际上再仔细想一想就会发现,其实不只是存款,几乎所有买卖都是最开始拿出一笔钱投资,过一段时间以一定的价格卖出去,获得利润 π 日元。这样的话,为了说明这些买卖的"收益性",不是也可以应用存款中关于利率的思维方式吗?当

我发现这个诀窍后，真有一种牛顿当年发现万有引力也不过如此的感慨。

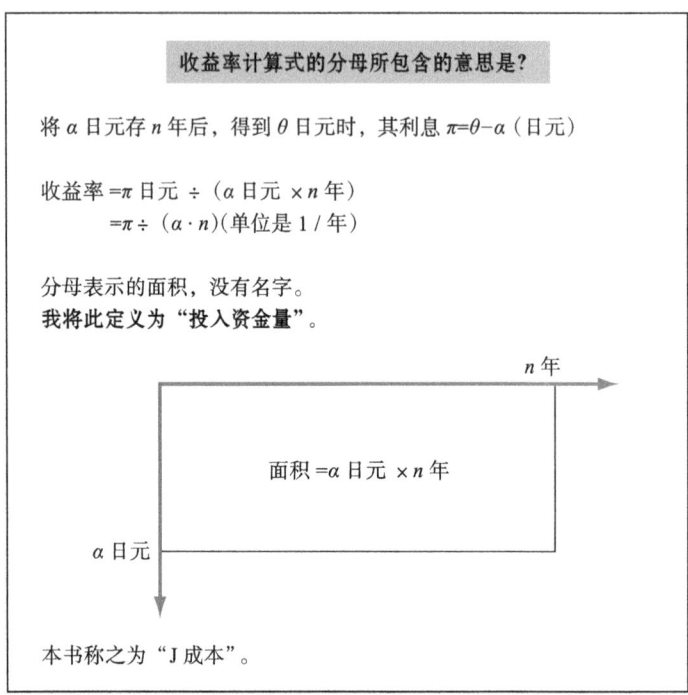

图 4-1

为冲破障碍而诞生的：新理论 =J 成本论

工厂里流动的大量产品在流程中是不容易被把握的，但当从某 1 个单位来看的时候，可以看出，用一定的"资金"购入材料，然后在工序的流程中将"资金"和"时间"加工进去，再作为产品出货，收到货款从而得到"利润"的这一流程，正好与把"首付"存入银行，在一定期间内再不断地零存"资金"进去，经过一定"期间"期满后，所收到的定期存款是相同的。图4-2（见P56）将此事实表现了出来，其中横轴取时间，纵轴取成本。

> **每种产品的收益性**
>
> 收益性 = 收益率
>
> = 利润 π 日元 ÷（平均成本 α 日元 × 平均过程时间 n 天）
>
> 试图将纵轴方向缩短的是C（成本降低），将横轴方向缩短的是D（准时化）。

这个式子有着十分重要的意义。首先，先来看下面的情况。

- 由于生产计划做的不周到，以前总要保留一定量的库存，但经过改善，现在已经把滞留的库存清除了。也就没有闲置库存了。
- 当换线费用只用员工的工时来计算，即在只发生劳务费的情况下，增加换线次数，实现了小批量化。这时，虽然整体的工时增加了，而由于可以在正常工作时间内完成，所以劳务费没有变化。

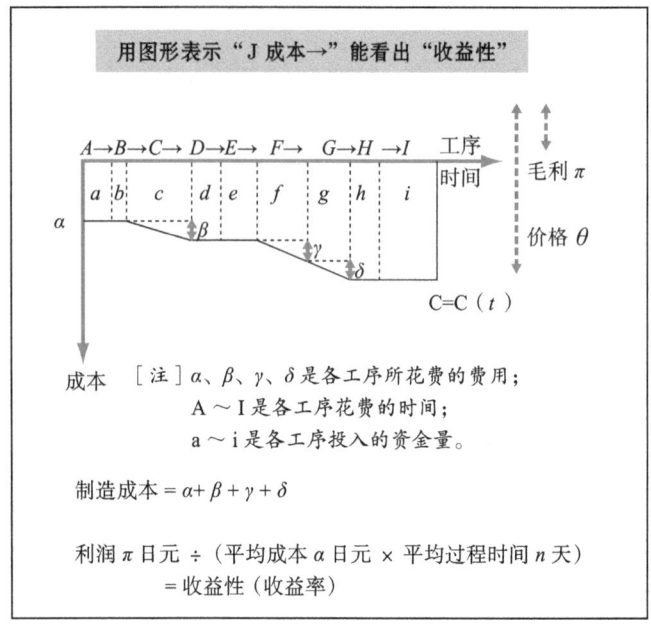

图 4-2

在以上的改善事例中,因为生产成本一定,虽然分子的利润没有变化,但由于分母的"投入资金量"减少,结果收益性便会增加,这一点很明确是好的。当然,当生产成本下降时,则不但分母会减少,而且分子的利润也会增加,因此将使得收益性会更高。

实际上,这是个划时代的发现。

于是,这个式子把为提高利润(=卖价-成本)的"降低成本活动"和丰田生产方式所推进的"缩短过程时间活动(=准时化)"经由分子和分母的关系联结到了一起。

也许读者朋友们已经注意到，本书中"利润率"和"收益性"的计算公式的区别，就在分母上。

利润率的分母是成本，收益性的分母是成本 × 过程时间。在计算这个"收益性"时，相当于分母的（成本 × 过程时间）概念在以往的会计中是没有正式名称的。于是，我把**"时间 × 成本"命名为"J 成本"**（"时间"在日文中发音的第一个英文字母是"J"）。

这就是我为上面的"投入资金量"这一新概念起的名字，用式子表示如下。

制品一个单位的收益性

收益性 = 利润 ÷ J 成本

这个部分是本书最重要的地方。下面，再重新整理一下思路，对其基本公式进行定义。只要能够理解这个理念，就可以根据各种情况，求得具体的评价方法。迄今所说明的式子可以称为"准时化的评价指标"。

以收益率为基础的改善评价法

准时化的评价指标 = 收益性

　　　　　　　　= 利润额 ÷ 投入资金量

　　　　　　　　= J 成本

花费在制品上的成本总额,可以用时间的函数来表示。

> **花费在对象为半成品和成品上的成本总额**
>
> 成本总额 $C = C(t)$

因此,某工序的"投入资金量"是成本总额 $C(t)$ 在该期间的积分值。

假设每个区间的积分值都可以用矩形或台形面积 Si 来代用,则可以用下式来表示。

> **某工序(期间)的 J 成本**
>
> J 成本 = 投入资金量
>
> $= \sum (Si)$

这样,就得到了"投入资金量 =J 成本"和应用其所得到的"收益性"评价指标。

明确各指标的单位

最后,有必要对在本书中频繁登场的"单位"一词进行一下说明。应用 J 成本的"收益性"评价中所使用的单位,如果用"天"来表示时间,则可以得到下面 3 种。

日元:表示金额的单位(如:买卖金额、分红金额、费用等)

日元·天：表示资金量的单位（如：投资、库存量、周转资金等）

/天：表示收益性的单位（如：利率、收益率等）

在以前的会计学中，很少使用"日元·天"这样的单位，当然也没有什么名称。于是，我用这个"单位"进行分析，将注意到考虑时间因素"收益性"的理论称为"J成本论"。

从下一章开始，作为第3章的延续，你将看到如何使用J成本论来论述"虚假的便宜"和"真正的赚钱"的差异。

第 5 章

小批量生产赚钱的"真正理由"

一般都认为"生产的批量越大成本就越低"

某种产品,一次生产100个,与一次生产1 000个,哪种情况的成本更低呢?

当拿这个问题去问制造业人士时,恐怕得到的回答多半是:"当然是生产1 000个的成本更低了!"因为大批量生产比小批量生产的成本低已经成为生产现场的常识。"批量"指的是生产和销售时的最小单位,即一次所生产的数量单位。这个"批量的大小"在"J成本论"中是十分重要的。

本章将对不同的"批量大小"会给公司的"赚钱程度"带来什么样的影响进行验证。

以生产现场为代表,社会上广泛流行的常识是"一次生产的量越多成本越低",而与此相对,用"J成本论"进行验证的结果,则恰好相反。如果认识到这种区别,便可以马上在大家的公司里应用起来。

现在假设这里有个"每天应该出货100个产品"的生产现场。当1天需要生产的数量为100个时,用10天每天生产100个,与用1天一下子生产1 000个这两种方法,哪一种成本更低呢?

在这种情况下,一般都会马上得出"当然是量大的更有利"的结论。但是,真是这样吗?下面我就用"J成本论"来好好验证一下。

对小批量和大批量这两种方式进行比较

Ⓐ方式　每天 100 个,生产 10 天(小批量、多批次生产)

Ⓑ方式　用 1 天集中生产 1 000 个(大批量、少批次生产)

为生产这个产品的现场成本,主要可以分为"生产 1 个所需要的费用"和在生产过程中需要对机器进行设置的"换线费用"。其中的换线,是对机器进行设置,需要一定的费用,但是机器设置完以后,持续生产相同的商品,就不会发生其他的额外费用。

正因为有这个换线费用,才容易产生"大批量生产更合算"的想法。即认为当 1 次生产的批量大时,换线费用只要 1 次就够了,因此这部分的成本就可以节约。

确实,1 次生产 100 个的情况,和 1 次生产 1 000 个的情况比较起来,分摊在每个产品上的换线费用会相差 10 倍。因此,大量生产时的"单位产品的换线费用"会更低。

由于Ⓐ方式和Ⓑ方式中"生产 1 个产品的费用"相同,因此"换线费用"的比率越大,Ⓑ方式的优越性就越高。为了便于验证,下面使用具体数值来计算一下。

Ⓐ方式和Ⓑ方式所共通的条件

生产 1 个产品的费用　　　30 日元

1 次换线费用　　　　　　500 日元

1 个产品的卖价　　　50 日元

Ⓐ方式和Ⓑ方式中,"生产 1 个产品的费用"都是 30 日元,这与批量的大小无关。下面计算一下"1 个产品的换线费用"。

每个产品的换线费用

Ⓐ方式　500 日元 ÷ 100 个 = 5 日元

Ⓑ方式　500 日元 ÷ 1 000 个 = 0.5 日元

换一次线要花费 500 日元,用生产数量一除,就可以得到"每个产品的换线费用"。再加上刚才的"生产 1 个产品的费用"30 日元,便可以得到"1 个产品的生产成本",如图 5-1 所示。

每个产品的生产成本和利润

Ⓐ方式　生产成本 =30 日元 +5 日元

　　　　　　　　=35 日元

　　　　利润 =50 日元 −35 日元

　　　　　　=15 日元

Ⓑ方式　生产成本 =30 日元 +0.5 日元

　　　　　　　　=30.5 日元

　　　　利润 =50 日元 −30.5 日元

　　　　　　=19.5 日元

从这个结果可知,生产部门的负责人一定会选择"以大量生产来降低成本!"

图 5-1

如果忽略时间因素,只考虑换线费用,则一定是生产的量越大成本越低。因此,将发生1次换线费用500日元的情况,与发生10次的情况进行单纯比较的话,答案是很明显的。

如果事实真是这样,则不要说1 000个,而是尽可能多地,1万个也好,100万个也好,只要能生产,就一直生产下去,这样每个的成本就会越来越低。为此,也许在资金允许的情况下,就要尽可能地导入大型机械,尽量扩大批量的规模。

但是,理论和现实总是有差距的。**生产100万个的资金从哪里来?将这100万个全部卖完需要多少时间?** 如果忽略这些事实,而一味地追求计算上的结果,是没有意义的。

那么，是不是在某种规模的前提下，生产的批量越大，成本就越低呢？这样计算得来的"利润"，对于公司来说，是不是就是真正"赚的钱"呢？

导入"时间"因素来思考

实际上，在这个数值里，根本就没有"时间"的概念。就如本书中多次提到的那样，**持有库存就相当于让资金闲置在那里。必须要认识到这是一种"能力的浪费"。这也是"J成本论"的大前提**。

与每天都生产的Ⓐ方式相比，将10天的工作在1天内完成的Ⓑ方式需要保管库存的时间会变长。正是这部分产生J成本。下面，想象有一个只需1个工序的产品，对两种方式分别计算"J成本"。

首先，来考虑这种情况下的过程时间。由于1天的出货量是100个，按照Ⓐ方式每天生产100个，则产品的平均库存为半天。而Ⓑ方式是在1天内生产1 000个，之后分10天出货，这时产品的平均库存是5天。

Ⓐ方式、Ⓑ方式的过程时间

Ⓐ方式的过程时间　0.5天

Ⓑ方式的过程时间　5天

此外，还要加上安全库存。不管是什么产品，当库存全部用完以后再开始生产肯定来不及。如果不留有余地，就会出现前工序的作业停滞，或不能按时出货等问题。因此，为防止这种事情的发生，就需要持有一定量的库存，称为安全库存。

一般来讲，**每天都生产的Ⓐ方式的安全库存为 0.5 天，集中生产的Ⓑ方式则应该确保 1 天的库存**。本章以此为前提进行计算。因此，考虑到安全库存的平均过程时间如下。

考虑到安全库存的平均过程时间

Ⓐ方式　0.5 天 +0.5 天（安全库存）=1 天

Ⓑ方式　　5 天 +1 天（安全库存）=6 天

关键在于："收益率"＝"收益性"

现在回头再来看一看上一章讲到的关于钱的借贷问题。

贷出 P 日元，T 天后加上 R 日元的利息收到还款，这时的利率计算式为"R日元 ÷（P日元 ×T天）"，由此得出"赚钱"的程度，即"收益性"。请读者再来复习一下这个思路。在这个利率计算式中，将从贷出钱到收到还款的时间，置换为过程时间以后，应用到本章的例子中，计算出"收益性"，如图 5-2 所示。

这个式子是将利润作为分子，将"J 成本"作为分母的除法计算。这与第 2 章、第 3 章中定义的"收益性"的计算式是相同的。

```
┌─────────────────────────────────────────────┐
│         在安全库存的基础上，思考收益性        │
│      包括安全库存基础上的平均过程时间         │
│   Ⓐ方式    0.5天+0.5天（安全库存）=1天      │
│   Ⓑ方式    5天+1天（安全库存）=6天          │
│                    ▼                        │
│   Ⓐ方式的J成本   35×1=35（日元·天）        │
│   Ⓑ方式的J成本   30.5×6=183（日元·天）     │
│                    ▼                        │
│  ┌─────────────────────────────────────┐   │
│  │ 求收益性的算式为"利润÷'J成本'"，所以 │   │
│  │ Ⓐ方式  15日元÷35（日元·天）=0.429/天│   │
│  │ Ⓑ方式  19.5日元÷183（日元·天）=0.107/天│
│  │                                      │   │
│  │ Ⓐ方式的收益性更好！                 │   │
│  └─────────────────────────────────────┘   │
└─────────────────────────────────────────────┘
```

图 5-2

Ⓐ方式、Ⓑ方式的"收益性"

Ⓐ方式的"收益性"=15日元÷（35日元×1天）

　　　　　　　　=0.429/天

Ⓑ方式的"收益性"=19.5日元÷（30.5日元×6天）

　　　　　　　　=0.107/天

可见，从"利润"来看，单位产品本应更大的Ⓑ方式，当变为从"收益性"（利率）的角度来看时，却只有Ⓐ方式的1/4。这个结果真让人吃惊啊！

这里先绕个弯子，复习一下前面学过的内容。第2章分析了"利润率"和"收益性"的区别。"利润率"表示的是每次赚钱的多少，而"收益性"则表示每个期间赚钱的多少。第 4 章又指出，"收益性"所用的收益率在银行的借贷中经常使用的利率指标，**而在创造利润的现场，却经常在用"利润率"进行计算，这正是所有问题的原因所在。**

下面，再回到本论。当判断每个产品的"利润"为Ⓑ方式更大时，实际上是无意之中使用了下面的方式来计算"利润率"。

Ⓐ方式、Ⓑ方式的"利润率"

Ⓐ方式的"利润率"=15 日元 ÷35 日元

=0.429

Ⓑ方式的"利润率"=19.5 日元 ÷30.5 日元

=0.639

可见，同样的事情，根据不同的评价法，是从"利润率"来看，还是从"收益性"来看，可以得出完全相反的结论来。

验证最大库存金额

上面用Ⓐ方式和Ⓑ方式的例子已经说了很多，相信读者已经理解为什么丰田生产方式所主张的"小批量多批次生产"比社会上所推崇的大批量生产在"收益性"上要好了。

但是，光凭这些，恐怕还是难以说服那些长年以来一直坚信"大批量生产"的"收益性"应该更高的人。

不能接受这个观点的人，最好把自己当成本章所列举事例中的公司老板，对Ⓐ方式和Ⓑ方式这两种生产方法中，分别计算各自需要多少流动资金。这样就会发现，在流动资金上也有着惊人的巨大差异。不过，由于准确地计算流动资金要复杂一些，因此这里只对"最大库存金额"进行一下比较。

Ⓐ方式、Ⓑ方式的最大库存金额

Ⓐ方式　　最大库存金额（流动资金的代用值）

　　　　　= 最大库存量（1.5 天）× 成本（35 日元）

　　　　　=150（个）× 35（日元/个）

　　　　　=5 250（日元）

Ⓑ方式　　最大库存金额（流动资金的代用值）

　　　　　=11（天）× 30.5（日元/个）

　　　　　=1 100（个）× 30.5（日元/个）

　　　　　=33 550（日元）

Ⓐ方式、Ⓑ方式的利润金额

Ⓐ方式　　利润金额 = 15（日元/个）× 100（个/天）× 30（天/月）

　　　　　= 45 000（日元/月）

Ⓑ方式　　利润金额 = 19.5（日元/个）× 100（个/天）× 30（天/月）

　　　　　= 58 500（日元/月）

可见，由于Ⓐ方式是每天都生产，因此只需保有 5 250 日元的最大库存，而利润却是 45 000（日元/月）。

而Ⓑ方式由于是将 10 天的作业集中生产，因此需要保有 33 550 日元的最大库存，其利润为 58 500（日元/月）。

由此可见，确实是Ⓑ方式的"大批量生产"每月的"利润金额"更大。

但是，同时也可以看出，为了实现"大批量生产"，需要的流动资金也非常巨大。

因此，如果考虑针对投入资金的"收益性"，则Ⓑ方式的"大批量生产"比Ⓐ方式的小批量生产要差很多。其实，"J 成本论"也只不过是用不同的方法来说明了这个问题。

此外，上例只涉及了成品的库存，而实际上在大批量生产的情况下，所需要的半成品库存批量要大于成品库存批量。同样，为了生产这些半成品库存所需的原材料库存，也更要大于半成品库存。

这样看来，我想大家应该可以理解，从工序整体、公司整体来看，就不只是上面的计算结果，而是要再加上几倍的库存金额。正因为如此，"正宗丰田方式"才提出要坚决挑战小批量化生产。

减少换线费用本身的思想

下面，从现场改善人员的角度来看一下。

当生产现场的"换线费用"很大时，是不是就应该相应地增加批量大小呢？这时，增大批量方面的投资真的能够收回吗？

现在假设，每个产品的成本为 100 日元，而换线费用需要其 100 倍的 10 000 日元/次。这时，**由于换线费用太高，很多公司为了降低损失，都会尽可能减少换线次数**。其结果是，永远也无法进步，换线费用总是很高。

实际上，在这种情况下，与其增大批量，减少换线次数，不如维持小批量、多次生产，通过改善活动去降低换线费用。即**不是"因为换一次线需要 2 万日元，所以要尽可能加大生产批量"，而是要思考"怎样才能将需要 2 万日元的换线费用降到 1.8 万日元"**。而且还不需要追加任何投资，只依靠现场的力量进行"改善"。

正宗丰田方式最忌讳的就是将高额的换线费用置之不理，其对原因与结果的认识通常会与一般社会上流行的认识正好相反，正因为换线的次数少，才不会产生改善的需求，因而改善也就无法推进"。作为管理人员，甚至要故意增加换线次数，从而激起改善的需求。当产生这种需求时，改善就会前进。一开始的时候 10 000 日元/次的换线费用也会逐渐减少，甚至可能很快就会降到 1 000 日元/次以下。

不要只着眼于表面的"利润",而要重视:真正"赚的钱"="收益性"

生产现场应该很快就会发现,通过增加生产数量来降低单价,只不过是表面的成本削减。

从表面看上去,似乎通过大批量生产使制造成本降了下来,但投入的资金真得到有效回收了吗?要时刻以这样的视点去观察你的公司。

在你的公司,为了增加表面的"利润",大批量生产的半成品和成品是不是滞留在生产现场中,排队等着出货呢?

闲置的资金是不能发挥功效的。这样只能使真正"赚的钱"减少。生产现场是"生产产品的地方",而不是"闲置产品的地方"。

不论你如何保管制品,也不会有任何人会为此支付对仓库的使用费用。不仅如此,眼睛看不到的 J 成本还会随着时间持续地增加。只要熟练掌握 J 成本论,就找到了追求真正赚钱的方法。

"小批量生产"比"大批量生产"的收益性更高!

到这里,希望读者朋友们已经理解了"J 成本论"的定量说明,和正宗丰田方式的思想。

第 6 章

同步生产和集中生产哪个更合算

为什么"随时随地、到处"都在进行道路施工

现在,日本到处都在进行着道路施工等重要的公共建设。走在大街上,一定可以看到正在施工的地方。说到这里,相信大家应该也都有所感触。而且,这些施工似乎永远也完不了。那么,为什么大家会感觉到这些施工"随时随地、一直"在进行呢?

这些施工一般是A道路和B道路,或者与其他一些地方的道路同时开工,各自不急不忙地进行作业,最后再一起同时完工。这与在生产现场被称为"同步生产"的方法是相同的。

与此相对,另一种方法是集中所有的人员、设备,先将A道路一口气完成,然后再开始对B道路施工。这种方法叫作"集中生产"。

那么,在施工时,将人员分散开来,一点儿一点儿进行,与将所有人员都集中起来先完成一个道路,之后再集中施工另一个道路,这两种方法哪一种更合算呢?

换句话说,所谓"同步生产"和"集中生产",哪一种更有利呢?

下面,还是应用J成本论来做一下验证。

方法不同,J成本可以相差5倍

"同步生产"是指,比如有个任务需要生产A、B、C、D、

E 5 种产品，于是让 5 个人每人负责一种产品的方法**。这时，由于每个员工都要负责该产品从头到尾的整个流程，因此现场的士气会高涨起来。这是在电子产业中经常被采用的方法，也称"单元生产方式"。但是，由于员工之间的能力不同，大家的工作速度会出现差距。

与此相对，**集中生产是指所谓的流水线生产**。即将上述员工集中在一起，共同完成某一种产品的生产。所有员工做一种工作，虽然不能让每个人对产品的生产都从头到尾全部负责，但作业可以很有规则，也易于管理。

表面看上去，这两种方法都有各自的长处和短处，那么，如果从 J 成本论的观点出发，会得出什么结论呢？为了便于验证，下面举例来说明（见图 6-1）。

生产产品的条件

- 假设这里生产 A、B、C、D、E 这 5 种产品。
- 每个产品在生产上所需要的时间、生产成本、销售价格都相同。
- 每个产品的生产成本是 50 万日元（劳务费、材料费、其他各种经费）。
- 每个产品的销售价格是 75 万日元。
- 完成以后，产品会被取走。
- 在此阶段，假设投入资金已经回收完毕。

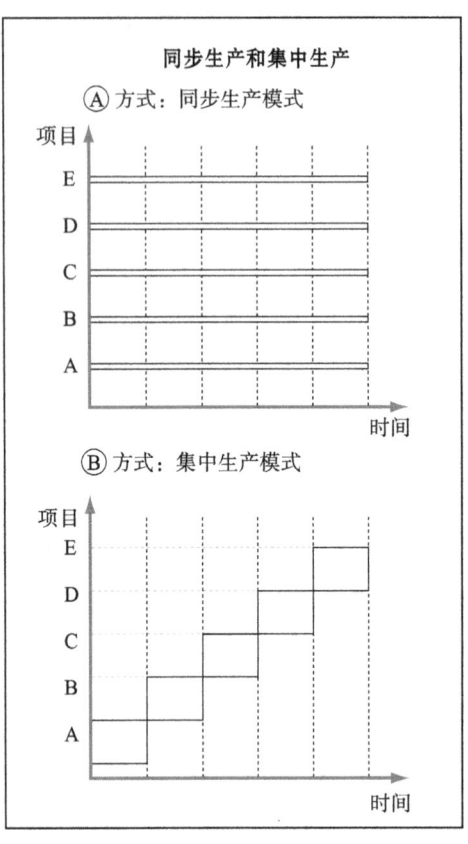

图 6-1

同步生产与集中生产

  Ⓐ方式（同步生产） 每个人分别拿到1个产品进行生产，并完成。

  Ⓑ方式（集中生产） 5个人一起生产同一个产品。

各自生产所需的时间

Ⓐ方式　　1个人生产1种产品，需要花5天时间。

Ⓑ方式　　5个人生产1种产品，用1天就可以完成。

1天所需要的生产成本

Ⓐ方式　　1个人用5天时间完成50万日元的产品，1天是10万日元，由于是5个人同时进行生产，所以要乘以5，因此1天是50万日元。

Ⓑ方式　　5个人用1天时间完成1种产品，因此1天是50万日元。

这样看来，**得到的答案应该是，1天的生产成本相同。那么，在这个例子中，到底同步生产和集中生产哪一种更有利呢？**下面就用J成本论来比较一下。

首先，用J成本来计算一下Ⓐ方式——同步生产。

5个人各自生产1种产品，5天完成。5天所花费的成本是50万日元，因此每种产品1天的生产成本是10万日元，上面已经算过了。

在这个基础上，考虑进时间（本例中的单位是天）因素，那么第1天所做工作的J成本是每个人10万日元·天。由于是5个人同时进行，J成本的合计是50万日元·天。换句话说，这个阶段的"投入资金量"是50万日元·天。

但是，**这个第1天投入的资金不能马上收回，而是必须等到产品完成的最后一天，因此要放置4天时间。**所以，实际中的 J 成本不只是"当天的工作量＝投入资金量",而是还要加上"到产品完成并卖出去时,即到收回投入资金为止的天数(时间)"。

> **Ⓐ 方式的"J 成本"(投入资金量) 明细**
>
> 第 1 天工作的 J 成本 =50 万日元 +(4 天 ×50 万日元)
> =250 万日元·天
>
> 第 2 天工作的 J 成本 =50 万日元 +(3 天 ×50 万日元)
> =200 万日元·天
>
> 第 3 天工作的 J 成本 =50 万日元 +(2 天 ×50 万日元)
> =150 万日元·天
>
> 第 4 天工作的 J 成本 =50 万日元 +(1 天 ×50 万日元)
> =100 万日元·天
>
> 第 5 天工作的 J 成本 =50 万日元 +(0 天 ×50 万日元)
> =50 万日元·天
>
> **Ⓐ 方式的"J 成本＝投入资金量"总额**
>
> 250 万日元 +200 万日元 +150 万日元 +100 万日元 +50 万日元 =750 万日元·天

很明显,A 方式的 J 成本总额是 750 万日元·天。图 6-2 中被涂上颜色的面积部分就是 J 成本(颜色深的地方表示该天发生的 J 成本)。

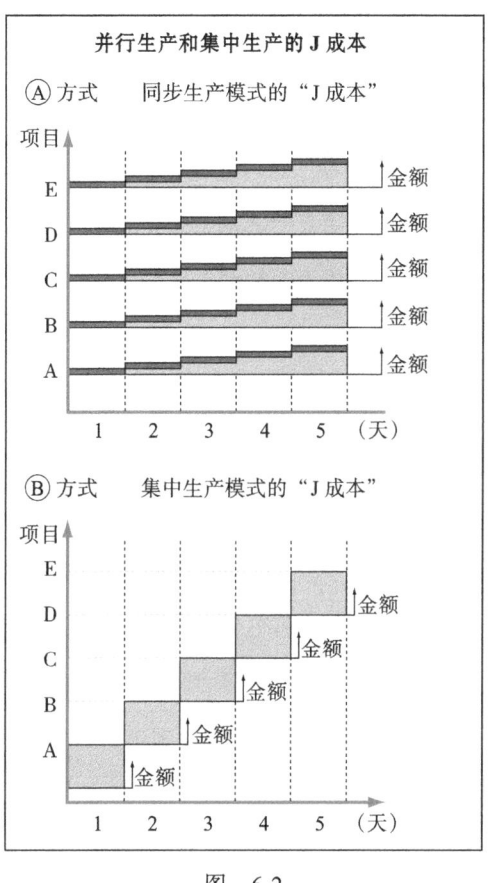

图 6-2

下面，再来计算一下 B 方式——集中生产的 J 成本。

第 1 天由 5 名员工一起完成了产品 A 的生产。这一天的 J 成本是 5 个人合在一起的 50 万日元·天。之后，由于产品 A 不用放置，可以马上交货，因此假设投入资金可以马上收回。这样，也就不会再发生 J 成本。

同样，第 2 天生产产品 B，第 3 天是产品 C。这里也将其看成是当天可以收回投入资金。

> **Ⓑ方式的"J 成本 = 投入资金量"明细**
>
> 第 1 天　产品 A 开工→完成→交货
>
> 　　　　此工作的 J 成本 =50 万日元·天
>
> 第 2 天　产品 B 开工→完成→交货
>
> 　　　　此工作的 J 成本 =50 万日元·天
>
> 第 3 天　产品 C 开工→完成→交货
>
> 　　　　此工作的 J 成本 =50 万日元·天
>
> 第 4 天　产品 D 开工→完成→交货
>
> 　　　　此工作的 J 成本 =50 万日元·天
>
> 第 5 天　产品 E 开工→完成→交货
>
> 　　　　此工作的 J 成本 =50 万日元·天

显而易见，每天都稳定地产生 50 万日元·天的 J 成本。因此，J 成本的总额是其合计金额。

Ⓑ方式的"J 成本 = 投入资金量"总额

5 天的合计　　250 万日元·天

可见，B 方式的 J 成本只要 250 万日元·天就够了。这相当于图 6-2 中被涂上颜色的部分。因此，从 J 成本论的角度来看，谁多谁少便可一目了然。

可见，J 成本不单是数字的计算，还可以用画图来表示。通过用面积这种表达方式，可以直观地把握其量的多少。

即使"利润率"相同，"收益性"也会有将近 3 倍的差距

由于产品 A ～ E 各自的生产成本（在这个例子中它们等于销售成本）为 50 万日元，销售价格为 75 万日元，因此各产品的毛利是 25 万日元。计算毛利率可以得到下面的结果。不过，这里为了突出针对成本的利润率，分母取的不是销售额，而是销售成本。

Ⓐ方式与Ⓑ方式的毛利率（分母是销售成本）

- Ⓐ方式　25 万日元 ÷50 万日元 =50%
- Ⓑ方式　25 万日元 ÷50 万日元 =50%

即从利润率来看，二者没有区别。那么，代表真正"赚钱"的"收益性"会如何呢？前面第 2 章已经说过了，"利润率"和"收益性"是完全不同的概念。**该企业是否真正"赚钱"，要根据其投入的资金能在多长时间内回收来决定。**因此，要用加入时间因素的"收益性"来看。为此，需要将分母的销售成本改为 J 成本来计算。

Ⓐ方式与Ⓑ方式每个产品的收益性

- Ⓐ方式（同步生产）25 万日元 ÷150 万日元·天 = 约 0.17/ 天

- ⒷⒷ方式（集中生产） 25万日元÷50万日元·天＝约0.50/天

很明显，从"收益性"来看，集中生产要比同步生产更有效3倍。

实际上，同步生产虽然有让员工"从开工到完成"一贯负责的优点，但同时也存在着①投入资金量增加，②投入资金回收缓慢等致命的缺点。与此相对，集中生产却有着**①可以用少量的投入资金，②资金回收快等优点**。从真正"赚钱"的角度来看，这是非常重要的要素。

上面的内容用丰田的格言来说，就是："先定好顺序，然后一个一个完成！"

必须要一个一个来，确实地完成

现在再回到道路施工的例子。Ⓐ道路和Ⓑ道路同时开工的情况，如果改为把所有劳动力都集中到Ⓐ道路上，则简单计算一下，大概用原来时间的一半就应该可以开通。这两种方法在成本上有很大差距，这其实与刚才的计算例子相同。而且，如果是收费道路，随着早日开通，还可以早日有"过路费"进账，即使是一般道路，也可以由于早日使用而给市民们带来方便。

但是，实际上却是在一条一条慢悠悠地修，也许由于使用的是公家财产，所以提高收益性的意识不够。其实只要逐渐对同时进行的施工形态稍做改善，道路就应该可以更早投入使用。

另一方面，在各地开连锁店的零售商们，大部分都是集中于一个店铺进行施工。Ⓐ店开店，有了收益后，再开始对Ⓑ店进行施工。

学习了J成本论的人，应该马上就可以知道，这样的做法，"收益性"会高得多。

便利店也好，便宜的服装连锁店也罢，在开张时，都会大张旗鼓地宣传"某某店开业大吉！"而像"全国30个店铺同时开张"这样的标语，却几乎从来没有听说过。

实际上，资金有限的私人企业，即使不知道J成本论，也都在使用这种合理的投资方法。这正是证明J成本论正确性的实际例子。

这个道理不只可以用于店铺和道路上，在生产制品的时候也一样适用。在商业中，"快速生产，快速销售"是至高无上的铁则。当理解了J成本论，并尝试着去计算时，就会发现，完全可以通过数值对其重要性予以说明。

如果在你们工厂里，有可以将同步生产转换为集中生产的地方，希望你们一定要尽早行动。通过对变更前和变更后计算J成本，就应该可以知道"收益性"到底提高了多少。恐怕会得出让人吃惊的结果吧。这个吃惊，就是走向真正"赚钱"的第一步。

第 7 章

昂贵的空运和低廉的船运哪一个更合算

速度是有"价值"的

大概每个公司都曾考虑过为了降低成本而削减运输费用。因为，谁都知道运输费越低越好。假设以前运输费用为 10 万日元，当通过改变运输方法可以降为 1 万日元时，一定会马上采用新方法。但是，真的应该这样做吗？其实，**有时高昂的运费是有其存在理由和意义的，所以即使成本高也会有人使用。**

作为常识，谁都知道速度是要花钱的。从东京到大阪，如果只乘坐普通电车需要大约 9 小时，而当乘坐新干线时则只用 2.5 小时就够了。但乘坐新干线需要另付 5 000 日元的费用。如果乘坐飞机还可以更快到达，但费用还需要再多付几千日元。不只是乘客，当运输货物时也是一样。总之，不管是人还是物，当需要快速移动时，必须要支付额外的费用。

这个道理大家在日常生活中都经历过，当人要移动到某个城市时，不一定选择最便宜的交通手段。当然专门追求低价交通工具的驴友们除外，一般人都会根据情况，有时选择出租车，有时又会选择便宜的公共汽车。

之所以即使价格高也会有人用，是因为速度是有价值的。正如"时间就是金钱"所表示的那样，大家是在用钱购买时间。换句话说，当总价值得到提高时，即使运费增加，也是值得的。从日常生活中的经验来看，其实这也是理所当然的。

"价格至上主义"的弊病

但是,当面对企业内搬运货物的情况时,"价格至上主义"就会显露出来。当然,负责人的这种成本意识是值得肯定的,不过,这种选择真的"合算"吗?真的能为企业"赚钱"吗?对于这些问题,只要与时间有关,就可以用 J 成本来进行有效的验证。

那么,和人的移动不同,物品的运输快慢不会影响损益吗?大家通过前面对 J 成本论的学习,应该可以对此做出正确判断。其实,在运输过程中多花时间,与前面所讲的延长库存时间如出一辙。

前面已经论述"把 1 万日元库存多放置 1 周会损失多少钱"。下面,再举一个具体的例子。假设有个公司的**毛利**和**存货**如下。

毛利和存货的条件

1 年的毛利　　500 万日元

期末库存　　　100 万日元

存货毛利率　　500 万日元 ÷ 100 万日元 =500%

存货 1 周时间赚取的金额 = 放置时损失的金额

1 万日元 ×500%(存货毛利率)=5 万日元(1 年)

5 万日元 ÷54 周⊖(假设 1 年为 54 周)=926 日元 /1 周

⊖ 平年有 365 天,此时采用最大周数计算。

即 1 万日元库存放置 1 周的损失为 926 日元/周。

假设空运需要 1 周，船运需要 1 月时间，会出现多大的区别呢？由于运输所花的时间相差 3 周，因此出现的差距大小如下。

空运和船运的区别	
空运的运输时间	1 周
船运的运输时间	1 月
两者的运输的时间差	3 周

这期间由"库存停滞"造成的损失是

$$926 \text{ 日元/周} \times 3 \text{ 周} = 2\,778 \text{ 日元}$$

可见，本来想节约运费，但结果却在别的地方造成了 3 000 日元左右的损失。 如果认识不到这一点，结果会不堪设想。

如果完全不考虑这个损失，而只一味地追求降低运费，则收益性就会不断下降。而如果要削减含有时间因素的 J 成本，则原则上就必须尽量追求快速运输。但是，这并不是说，不管什么情况都要选择快速运输，而是要依据不同情况做出正确的判断。

即使花时间，也要减少运费吗

快速运输，库存就会减少，库存减少，J 成本就会下降。

这是很简单的事实，但实务操作时却不会这么简单。上面已经讲过，在速度这一附加价值上是需要花费成本的。假设，船运时 1 个集装箱的运费是 20 万日元，则空运时有可能是 100 万日元，因此运费上有可能产生很大的差距。那么，

> 应该在运费上多支出一些，以实现尽快运输？
> 还是
> 应该多花些时间，以减少运费支出？

如何判断，让负责人很犹豫。即什么东西应该尽快运输，什么东西应该选择低价运输。**这时最关键的是"运输货物的价格"。当运输货物是高价商品，或者说是可以"赚大钱的商品"时，如果花费很多时间，就意味着让如此巨额的资金闲置在那里，而且，该商品其他可能赚到"毛利"的机会会因此而损失掉**。另一方面，当运输对象是低价商品时，由于其占用的资金也比较少，原本毛利也不多，因此如果花费高昂的运输成本，就会变得无利可图了。

也就是说，"所花费的时间会带来多少机会损失"是问题的关键。在该商品上已经投入的成本将起到决定性作用。

这与工资高的人会选择快速移动的交通方式，工资低的人会选择尽量低成本移动的交通方式的道理是相同的。每个月领几百万日元工资的老板在出行时，如果不选择飞机或出租车等最快移动的工具，则对公司而言反而会是巨大的损失。但是，

每小时工资仅为几百日元的打工仔,则不必使用高昂的交通工具,而是可以多花一些时间在路上。但是,当该打工仔带着十分贵重的东西(如文件或部品等)时,大概上司多半会说:"下了飞机以后,打辆车马上赶到公司来!"

其实,细想起来,这种思想都是非常简单的。而实际上,这么简单的想法在现实中却常常被忽视。

斟酌"内容"以后,再来决定"速度"

运输部门的负责人对"货物的运输成本是多少"总是非常敏感。他们脑子里装的总是"Ⓐ公司的卡车运费是多少,比Ⓑ公司高出多少"。

但是,当问这些负责人,"Ⓐ公司的卡车运的货物和Ⓑ公司卡车运的货物,其价值有什么不同?"他们这时一般都会露出奇怪的表情,问道"为什么要问这个问题?"因为,他们对于货物的价值根本就没有关心过。**卡车后面装的是盛满 1 日元硬币的袋子也好,是盛满 1 万日元纸币的袋子也罢,都没有关系**。他们只知道尽可能地低成本运输,认为这才是自己的工作。那么,这种认识对不对呢?

这里谈到 1 日元硬币和 1 万日元纸币的例子,听起来似乎非常极端,但实际上却不乏类似情况。比如,汽车的重量大约 1 吨,价格大约是 100 万日元。这相当于 1 千克大约 1 千日元,

1克大约1日元。其实，日本的1日元硬币的重量是按照1克来设计的。

也就是说，如果用1日元硬币准备100万日元，则其重量正好为1吨，因此刚好与汽车是相同的价格/重量。记住这个1日元与汽车之间的重量和价格的关系会很方便。

另一方面，半导体之类的商品1千克的价值大概为1 000万日元左右。这时，10千克就相当于1亿日元。实际上，相当于1亿日元的1万日元纸币，其重量也是10千克。因此，1万日元纸币与半导体也正好具有相同的价格/重量。

也就是说，如果用重量来做比较，当卡车后面装的是汽车时可以看成是装满1日元硬币的袋子，而当装的是半导体时可以看成装满了1万日元纸币的袋子。

前面已经讲过价格/重量是选择物流速度时的决定性因素，因此读者朋友都会理解，**将相当于1日元硬币的价格/重量的集装箱和相当于1万日元纸币的价格/重量的集装箱都用船运将会是十分愚蠢的决定。**

最近，一般都会使用电子结算，而要想实际运送1万日元纸币时，会将钱放入硬铝箱中，由专人乘飞机运过来。几十年前，经常可以看到这种运输情形，在电影中也可以看到把价格高昂的宝石等放入专用箱中，上了锁以后提着箱子运过去的情景。

而另一方面，却没有人带一箱子1日元硬币坐飞机运来运去。因为飞机票的钱要更贵。

希望能把这种理所当然的感觉带到运输的现场去。必须养成先观察货物的内容，再来判断"应该快速运输"还是"应该低成本运输"。

即使犯错，也不要错到1万日元纸币用船运，1日元硬币用飞机运的地步。

根据物流情况，计算收益性下降多少

如果有像1日元硬币与1万日元纸币这样明显的区别，就不会对"应该选择快速，还是应该选择价格"的判断犹豫不决。

但是，在实际中，现场总会有各种各样的货物（如商品、产品、补品、材料等），而且还会同时有好几种交通手段。根据不同的交通手段，运输所花费的时间也会不同，因此，相关人员有时会很难做出正确的判断。

因此，我开发出了应用J成本论计算"收益性恶化率"的方法。用这种方法，便可以通过毛利、运费、运输天数等的关系，将损失了多少收益等一目了然地数值化。

因运输造成的收益性恶化，可以通过将某商品在工厂门口便卖出去时的收益性，与花费运费和时间后送到客户手里再卖出去时的收益性进行比较，然后计算出来，如图7-1所示。

由物流所带来的收益性恶化

导入"收益性恶化率"的概念

收益性恶化率(D) = 物流后出售收益性(Es)

　　　　　　　　÷ 公司门口出售收益性(E)

　　　　　　　= (1 − 运费比) ÷ (1 + 过程时间比)

运费比 = 运费 ÷ 毛利

过程时间比 = 运输过程时间 ÷ 制造过程时间

分子(1 − 运费比)的影响

运费比 = 运费 ÷ 毛利

越是高额商品,运费的影响越小。
假设海上40尺集装箱的运费是40万日元,

汽车零配件

　　1 000日元 / 千克 → 2 000万日元 / 20吨
　　毛利约200万日元 → 分子约为0.8

笔记本电脑

　　10万日元 / 千克 → 20亿日元 / 20吨
　　毛利约2亿日元 → 分子约为0.998

图　7-1

收益性恶化率 = 客户手里的收益性

　　　　　　　÷ 工厂门口出售的收益性

　　　　　　= (1 − 运费比) ÷ (1 + 过程时间比)

运费比 = 运费 ÷ 毛利

时间比 = 制造过程时间 ÷ 运输过程时间

遗憾的是,只要运输就会花运费,也会花时间。而这样就

会使收益恶化。下面就来思考一下怎样才能使这种恶化减少。

"运费比"就是"运费÷毛利",运费由运输货物的重量和体积决定,毛利一般是价格越高的东西越多。如图 7-1 所示,相当于 1 日元硬币的汽车零配件,在用轮船集装箱运输时分子约为 0.8。

另一方面,相当于 1 万日元纸币的笔记本电脑,大概为 20 亿日元,如果用轮船集装箱来运,即使运到美国也不过只需要 40 万日元,分子大约为 0.998 而已。这么一点儿运费实在算不了什么。

又小又轻又贵,相当于 1 万日元的纸币,几乎可以忽略运费送到世界上的任何地方。

那么,反过来瓶装啤酒又如何呢?大瓶 1 瓶是 330 日元,据说大部分都要交税,留给厂家的只有 170 日元。633 毫升,装进瓶子之后大概有 1 千克重,比起 1 日元硬币要便宜得多。因此,运费的负担便显得非常重,于是只好在几个不同区域的县里(相当于中国的省)每个县设一个工厂,尽可能实行近距离供给。

德国人以合理性思维著称于世,德国非常有名的汽车厂商奔驰公司和大众公司,在日本的丰桥港旁边有自己的物流中心。用它们的话说,经过调查得知,日本的汽车市场分布重心就在丰桥附近,真了不起。

不过,从德国运来的产品要想赚钱,就肯定不能是 1 日元硬币这种层次的汽车，而应该是 10 日元硬币（222 万日元/吨）到 50 日元硬币（1 250 万日元/吨）这种层次的汽车了。

过程时间比的影响

过程时间比指的是，如图 7-2 所示，运输时间与平均生产时间的比率。

过程时间比的影响

收益性恶化率（D）=（1−运费比）÷（1+过程时间比）

分母（1+过程时间比）
过程时间比=（运输过程时间）÷（制造过程时间）

考虑日本↔美国的物流
假设从日本送达美国内地的客户处需要花 20 天时间，计算如下：

农产品的制造过程时间（约半年）	约 200 天	分母=1.1
企业的制造过程时间	约 60 天	分母=1.33
制造业的理想制造过程时间	约 20 天	分母=2.0

图　7-2

像农作物这种需要花费 0.5～1 年才能收获的产品，在物流中花上 20 天也不会有什么大的问题。反正是 1 年只能收获 1 次，因此可以到明年收获之前一点儿一点儿运。

但工业产品就不一样了，可以 1 年四季连续生产。现在制造业经过努力已经可以在 2 个月之内完成生产了。如图 7-3 所示，2 个月就意味着"收益性恶化率"的分母变成了 1.33。当生产现场再推进改善，减少库存以后，便可以用与物流相同的20天来完成生产，这样，分母就会变成2.0，将收益性恶化降到一半以下。

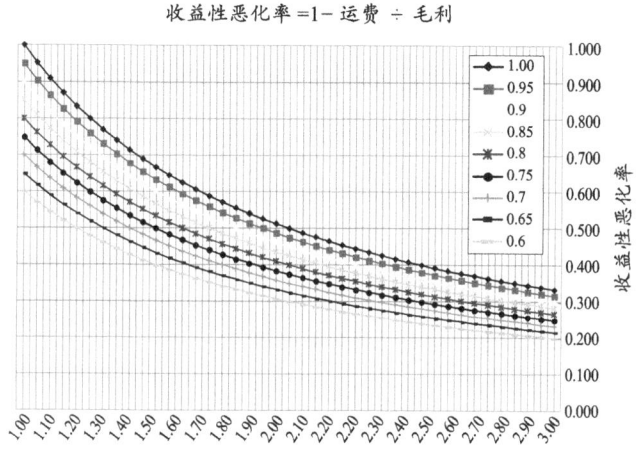

图 7-3

参照"收益性恶化率"

在仓库中也会恶化（见最上面的曲线）。

运费0%相当于保管在仓库中。

随着时间的变化，收益性会恶化。

以前的库存理论认为库存的不利点有以下两点：

① 停止销售时，有卖剩下的风险；

② 库存部分的利息负担。

现在，物流部门的负责人所关心的是，如何提高可信赖性，如何降低成本。即重视 Q、C、D 中的 Q 和 C。

由此，相信读者朋友们已经可以理解，丰田生产方式的关键"确保 Q，追求 D，C 就会随之而来"是多么正确和必要了。

一直闲置在仓库里，就会变质

图 7-3 的"收益性恶化率"图将以下三者的关系用图表示了出来。

① "收益性恶化率"的数值；

② 表示作为分母的时间影响的数值；

③ 表示作为分子的运费和毛利关系的数值。

其中：

① 的"收益性恶化率"数值代表纵轴；

② 表示时间影响的数值代表横轴；

③ 表示运费和毛利关系的数值作为变量，用 0.05 间隔的双曲线来表示。

最上面的双曲线是运费为零，即表示一直闲置在仓库里的状态。由此可以看出，**用 1 个月生产出来的产品，在仓库里放置 1 个月后，其收益性会降低一半**。真是令人难以置信。

现在的经营学在教授"库存"的知识时，大都是这样教的：为了减少订货费用，以及防止由于产品生产来不及而丧失赚取利润的机会，必须持有一定的库存，如果库存持有得过多，保管费、库存的利息、卖不出去的风险等就会增加，因此要适量持有。现在，通过图7-3得出的结论，可知其完全否定了以前这些书本上的知识。大家会采用哪一种方法呢？

即使运费增加，收益性也会上升

不相信的人可以将下面的例题画图算一下。

假设现在有一种商品，生产时间是48天，商品价格为2 000万日元（毛利400万日元），花了40万日元的运费，用了24天运到美国。

为了确保紧跟市场，将物流时间改善到了12天，不过运费也上升到80万日元。这时的"收益性恶化率"会怎么样呢？

运费涨到2倍，但是物流时间也减少到一半，结果，收益性恶化率得到了好转。

实际上，要用各公司的各产品的实际数值和实际运输方法来计算和判断。

企业为降低物流成本所下的功夫

这里讲的只是物流成本的问题，而实际上很多企业都是在运输和生产上同时下功夫，以增加总体"赚的钱"。下面举一个某饮料厂商的例子。

> 某饮料厂商是将某种饮料的原液空运过来，与当地的水混合后制成饮料，然后再销售。通常，装在塑料瓶中的橘汁或茶饮料等，都是2升200日元左右，按照1升大概1千克计算，每千克是100日元。这与汽车或1日元硬币的1千克1万日元相比，是非常便宜的。
>
> 对这么便宜的商品，是不可能付出巨额运费的，否则毛利一下子就会完全消失。所以，只能运输价值比较高的原液，这也是比较妥当的判断。
>
> **至于原液有多少价值，还无法准确得出结论，但至少与销售的商品比肯定会有好几倍的价值。** 只运输高价值的部分，其余的则在现地生产，即运输费只用在高价值部分。这样，便减轻了物流带来的"收益性恶化率"。

下面再举一例。

> 某大型打印机制造商在对墨盒进行生产、运输时，只空运其中的墨水，到目的地以后再在当地采购塑料的墨盒，并进行组装生产。
>
> 实际上，墨水本身使用了很高的技术，其内容属于企业机密，被严格管理。这种墨水有不溶于水、粒子非常细小、颜色鲜艳、有耐久性等特点，在必须满足各种条件的墨水开发中，很有竞争力。总之，高附加价值的墨水本身是无法在

> 当地生产的。
>
> 　如果将墨水与墨盒的成品进行运输，成本就会上升，收益性便会恶化。于是，将墨水与墨盒分开来，只运输收益性高的液体墨水。

这两个例子的共通之处，就是"只运输高价值的产品"。

我认为，物流中的费用削减，其实本来指的应该就是这个意思。**"集中起来运输会更便宜""慢速运输，费用就可以下降"等认识，表面上看起来似乎很有道理，实际上，是非常狭隘的思维。**因为，这样不会产生真正的效果。

负责的部门选择运输手段、考虑 1 次运输的分量等是理所当然的。但是，同时还要考虑到，"这个货物不能太费时间""这个货物的运费一增加，毛利就会消失"等钱与时间的关系。或者换句话说，要经常注意"毛利、运输成本、运输时间三者之间的关系"。

现在，你们公司的卡车上装着什么东西呢？**是不是在以很慢的速度运输着高价的产品，从而提高了 J 成本呢？或者在长距离运输非常便宜的产品，从而消耗掉了毛利呢？**

因此，不能只考虑如何降低运输成本，而应该从减少了多少收益性的角度，审视从材料采购，到交货为止的所有流程。即不能只重视看得见的运输成本，而看不到 J 成本，从总体来考虑成本管理才是最重要的。

第 8 章

在中国工厂生产真的合算吗

从利润率来看，在中国生产可以赚更多的钱

现在，日本的制造业界普遍认为，"在海外工厂生产比在日本国内生产的成本要低"。因此，众多企业纷纷前往中国或越南等国家进行生产和加工。

就在前不久，还只有出口产品的部门关注"日元升值或贬值"等汇率变动。因为日元一升值，就会给产品的出口带来很大的打击。但是最近，生产、加工部门也开始关注起汇率来了。这是因为，随着中国等海外生产国家货币汇率的变动，日本企业的生产成本会受到很大的影响。

随着汇率的变化而一喜一忧会显得非常被动，那么，在中国生产、加工，到底真的能赚钱吗？

下面就从J成本论的观点出发，对下面的事例进行一下验证。

- 比较一下，相同的产品，在日本生产时和在中国生产时，哪一种赚的钱更多？

在日本生产和在中国生产，各自需要多少成本

Ⓐ 方式（日本）　材料费 500 日元，加工费 500 日元
Ⓑ 方式（中国）　材料费 500 日元，加工费 30 日元

此外，还有运往中国时的运费 10 日元，返回日本时的运费 30 日元。

在日本生产和在中国生产各自所需的时间

Ⓐ方式（日本）　　加工20天

Ⓑ方式（中国）　　加工20天，单程运输20天

产品的销售价格

Ⓐ方式与Ⓑ方式的产品销售价格均为1 500日元

按照上面的条件，先来比较一下生产成本、毛利和毛利率。

在日本和在中国生产时的成本

Ⓐ方式（日本）　　500日元（材料费）+500日元（加工费）=1 000日元

Ⓑ方式（中国）　　500日元（材料费）+30日元（加工费）+10日元（运往中国时的运费）+30日元（运回日本时的运费）=570日元

日本和中国生产时的毛利 = 销售价格 – 生产成本

Ⓐ方式（日本）　　1 500日元 –1 000日元 =500日元

Ⓑ方式（中国）　　1 500日元 –570日元 =930日元

日本和中国生产时的毛利率

Ⓐ方式（日本）　　500日元 ÷1 500日元 =33.3%

Ⓑ方式（中国）　　930日元 ÷1 500日元 =62%

通过此计算，可以证明在中国进行生产会更有利。详见图8-1。

图 8-1

如果加上时间概念,就不能说在中国生产更"赚钱"

如果用"利润率"来比较,毫无疑问,肯定是在中国生产更有利。但是,相信读到这里,读者朋友会发现这种计算里有着致命的缺陷。

确实,其致命缺陷就在于缺少时间的概念。这里需要加入时间因素,用 J 成本论来思考。下面,将对这几种方式用 J 成本来进行计算。假设安全库存为生产天数的一半:10 天。

日本和中国生产时的 J 成本计算式

Ⓐ方式（日本）　（500 日元 +500 日元 ÷2）×20 天（生产时间）=15 000 日元·天

Ⓑ方式（中国）

※ 除了在生产当中，在到中国的往返运输之中，也发生了 J 成本。

- 运输中（往路）　（500 日元 +10 日元 ÷2）×20 天

  +

- 生产当中　　　［(500 日元 +10 日元)+30 日元 ÷2］×20 天

  +

- 运输中（返路）　［(500 日元 +10 日元)+30 日元 +30 日元 ÷2］×20 天

  =

- 总的 J 成本 =（505 日元 +525 日元 +555 日元）×20 天 =31 700 日元·天

日本生产和中国生产，其各自的 J 成本

日本生产的 J 成本　　　15 000 日元·天

中国生产的 J 成本　　　31 700 日元·天

对 J 成本进行比较的结果，与刚才相反，在日本生产会更便宜。当然，不能仅凭此便判断在日本生产会更有利，即更

"赚钱"。因为不管怎么说，毕竟中国生产的优势是"以更低的成本创造更高的毛利"。

为了对此进行判断，还要看在日本生产和在中国生产各自的收益性，即J成本创造出了多少毛利，要对其比率进行比较（见图8-2）。

计算J成本，比较收益性

- 假设加工时间20天，运输（路程的往返）需要20天。
- 假设安全库存占加工时间的一半，为10天时间。

Ⓐ方式（日本）
（500日元+500日元÷2）×20天（生产时间）=15 000日元·天
在日本生产的收益性
500日元÷15 000日元·天 = 0.033 3/天

Ⓑ方式（中国）
运输途中（往路）　　（500日元+10日元÷2）×20天
生产中　　　　　　[（500日元+10日元）+30日元
　　　　　　　　　÷2]×20天
运输途中（返路）　　[（500日元+10日元）+30日元+
　　　　　　　　　30日元÷2]×20天
总计J成本=（505日元+525日元+555日元）×20天
　　　　=31 700日元·天

在中国生产的收益性
930÷31 700日元·天 = 0.029 3/天

⇩

在日本生产更有利！

图 8-2

在日本生产和在中国生产，其各自的收益性

Ⓐ方式（日本）　　500 日元 ÷15 000 日元・天 =0.033 3/ 天

Ⓑ方式（中国）　　930 日元 ÷31700 日元・天 =0.029 3/ 天

由此可以判明，在日本生产比在中国生产收益性更高。即在日本生产会更"赚钱"。其原因就在于往返所花费的天数上。在中国生产时，包括花在运输上的天数，总的生产周期为 60 天。

单纯地只从生产成本上进行比较，得出"在中国生产可以得到更多的毛利，因而更有利"的结论，显然过于仓促。如果忽略时间因素，是无法理解真正"赚钱"的含义的。

选择在国内还是在海外生产，只要有明确的标准就不会迷惑

为了不被误解，需要声明一下，**我绝不是否定在中国或越南生产会便宜**。由于曾经长期在丰田的生产部门工作，因此对于减少成本有很大的兴趣。只不过，这里想说的是，如果不考虑生产和运输过程中的时间因素，就无法进行公平的比较。当然，根据天数的多少，有时在中国生产也会比在日本生产更有利。

在上例中，如果将在日本生产的时间从 20 天延长到 25 天，则结果会一下子变过来。不过，前提必须是在中国生产的天数不变。

当在日本的生产天数为 25 天时的 J 成本

（500 日元 +500 日元 ÷2）×25 天（生产时间）=18 750 日

元·天

日本生产和中国生产，各自的收益性

Ⓐ方式（日本）　　500 日元 ÷18750 日元·天 =0.026 7/ 天

Ⓑ方式（中国）　　930 日元 ÷31700 日元·天 =0.029 3/ 天

这次得出在中国生产更有利，即更"赚钱"的相反结论。

那么，**在日本生产时，几天之内就可以生产出来的产品比在中国生产更"赚钱"呢？**换句话说，就是"在日本生产耗费几天以上才可以生产出来的产品，在中国生产就更有利呢？"

下面就来看看是在日本生产好还是在中国生产好的临界点。假设，当"在日本的生产天数是 n 天"时，在日本生产和在中国生产的收益性正好相同。

在日本生产和在中国生产，其各自的 J 成本

Ⓐ方式（日本）　　（500 日元 +500 日元 ÷2）× n 天

　　　　　　　　=750× n 日元·天

Ⓑ方式（中国）　　31 700 日元·天

在日本生产和在中国生产，其各自的收益性

Ⓐ方式（日本）　　500 日元 ÷（ n ×750 日元·天）

Ⓑ方式（中国）　　930 日元 ÷31 700 日元·天 =0.029 3/ 天

当Ⓐ、Ⓑ方式的收益性相等时

500 日元 ÷（ n ×750 日元·天）=0.029 3/ 天

解这个方程式，就能计算出临界点。

Ⓐ、Ⓑ方式的 J 成本相等时的条件

n=22.7 天

通过这个计算可知，**生产所需的天数在 22 天以内时，在日本生产的收益性会更高**。只要设定这样明确的标准，就不会在选择工厂时产生迷惑。

这个计算可以应用于各种场合，不只是海外，在日本国内，当面临是否该将工厂转移到其他地方去时，也是有用的。

从几十年前开始，就已经出现了原在大城市里的工厂搬迁到其他地方去的现象。其实，**如果从运输成本和运输时间来考虑，即使土地成本高，有时从收益性的角度来看，在大城市附近持有工厂会更有利**。当然，由于环境或其他原因，确实也有无法按照计算结果来进行决策的情况。

总之，在日本国内生产与在海外生产，或者在大城市接近消费地的工厂生产与在地方工厂生产相比较，在选择应该在哪里进行生产时，只要知道各自工厂的"生产成本、生产时间、运输成本、运输时间"，通过 J 成本的方法计算出收益性以后，就可以知道"耗时几天以上就应该转到海外生产"。

当乍一看到"日本国内的加工费是 500 日元"，而"中国的加工费是 30 日元"时，谁都会不由得被这么大的价格差所镇住，这也是可以理解的。

但是，如果只看到这些，便会有降低收益性的危险。

不管表面的数字多么有魅力，不通过 J 成本论将时间因素加入进去，就无法进行真正的比较。

不要忘记"只要移动产品就会有风险"

使用 J 成本论，可以了解与生产相关的非常重要的部分。这就是：只要移动产品，除了能看得见的运费之外，还会有很大的风险。

当移动产品时，谁都会考虑运费的问题。但是，对于时间上的损失，以及由此引起的利润损失，却几乎很少被顾及。有时实际上花了很多时间，"收益性"却在不断恶化，而人们对此毫无意识，还在一个劲儿地继续运输。

下面来回顾一下历史，在很久以前，从中世纪向近代转化的时候，劳动形态发生了巨大的变化。这就是从家庭制手工业到工厂制手工业的转换。**从移动产品进化到生产产品的人的移动**。

在家庭制手工业的时代，将材料运到各家的生产现场后，下次再来取走成品最早也要到第二天。实际上，有时还会再多放一天。

这一点与现在还保留的内职很相似，现在的运输频度可能更低一些。现在，将成品堆积在房间里，1 周以后收购公司来将所有成品取走，人们对这种现象似乎已经习以为常了。而在这期间，库存使J成本不断增加，从而造成收益性不断降低。

当说起这些历史以及内职的例子时，很多厂长会当成笑话来听。但是，即使在近代工厂里，还是可以看到很多将材料和半成品等过多移动的现象。

是否在白白地移动产品

在贵公司里，是不是在白白地移动产品呢？

比如，当生产某产品需要①、②、③的生产工序时，①工序是A工厂，②是B工厂，③是C工厂。这样安排，大概有追求低生产成本的想法。比如，①工序在A工厂生产比较便宜，②、③工序分别在B、C工厂生产比较便宜。

的确，这样安排生产，①、②、③的生产成本合计会很低。即使加上运费，应该也不会有大的问题。但是，**将工厂分开会耗费很多运输时间，同时还会使各工厂都持有很多不必要的库存。**

为了节约租金而到需要几个小时车程的地方去租借仓库时，也会发生类似的问题。这时，最容易发生的，是由于仓库太远，因此需要准备大型卡车，尽可能一次多运一些。这样，大型卡车就会直到装满为止，一直停在那里等候。

当然，这时在等候的不只是卡车，**已经装在上面的库存也**

被闲置在那里不断降低收益性。这样，原本已经成为问题的库存还要占据更多的时间。这是在增加 J 成本的恶性循环。

此外，应该重新审视所谓的"公司精简化"。在精简化的名义下，很多业务都被外包了出去。精简化本身并没有问题，只不过必须重新检查一下，以防止由于过多移动产品而造成收益性的下降。

同样，**为了削减成本，在削减原料费、运费、仓库费等的同时，必须避免只顾追求局部最优，而忽略时间和整体流程的策略。**

降低每个局部的成本当然是一件了不起的事，但是不只如此，还必须同时考虑到如何通过缩短生产时间来提高收益性。

甚至，从正宗丰田方式来看，与降低 1 成的成本相比，通过节约时间，使生产时间缩短 1 成更加重要，而这也是比较现实的措施。

不过，对于什么样的改善绝对正确，什么样的措施是有问题的，是不能一概而论的。对于公司而言，真正需要的是从多角度出发，对现在需要进行什么样的改善活动进行探讨。为此，J 成本论就是有效的工具。

第 9 章

为什么库存会增加，如何将局部最优变为全局最优

为什么库存会增加

持有库存源于降低成本方法上的根本错误。那么，为什么错误的降低成本方法会蔓延呢？

如果你是采购负责人，你会怎样去降低成本呢？这时一般会优先采取的方法便是压低采购价格。同样，如果你是库存管理的负责人，一般会采取削减仓库的运营经费；如果是运输部门，则会努力减少运费。这样，确实可以得到降低成本的结果。这些话听起来似乎都是理所当然的，但是，其中却隐藏着非常大的问题。

比如，当 100 日元的材料用了 90 日元采购时，确实降低了成本。但是，实际上材料的卖方是不会轻易降低价格的。他们会提出要求，"**以前你们是每个月买 10 个，如果你们 1 次购买 100 个，就可以降价到 90 日元**"。也就是说，如果想要降低单价，必须依照下例，进行大批量采购。

当大批量采购时，单价会下降

Ⓐ 方式　以 10 个为单位购买　　→ 1 000 日元（单价 100 日元）

Ⓑ 方式　以 100 个为单位购买　　→ 9 000 日元（单价 90 日元）

如果是持续需要的材料，似乎用 9 000 日元购买 100 个比较合算。如此一来，采购部门的负责人还会挺起胸脯来，自豪地宣称"我成功地将单价降低了10%"。

但是，其结果，**必然要面对使大批量购进的材料闲置在那里的风险**。从此例来说，因为一下子进了以前10倍的量，怎么样移动这些库存将是非常大的问题。

各部门级别的"排除浪费"是错误的最大原因

那么，为什么即使冒这么大的风险，还要进行大批量采购呢？我认为，这个问题的答案是公司持有库存的最大原因。如果认识到大量库存的风险，任何人都会想要对现状进行改善。但是，负责进货的人却不会停止大批量采购。

斥责负责人"为什么不改善！"是很简单的，但问题其实还在更深层的地方。其关键在于"局部最优"和"全局最优"的关系之中。

采购负责人的工作就是尽可能在"便宜且能保证供货"的前提下采购指定的材料。而至于其他的事情，比如与生产工序相关的过程时间，或与保管库存相关的仓储费问题等，则是由别的负责人来考虑的。

这种部门本位主义实际上是产生重大问题的温床。各部门只顾着一味提高本部门的业绩，却没有思考公司整体利益的机制。

比如，采购负责人会由于"通过大批量采购降低了成本"

而受到公司表扬,而生产负责人则会由于"实施大批量生产降低了生产成本"受到公司表扬,销售负责人会由于"实施大批量销售而降低了销售费用"等而受到表扬。

其结果,就会产生一种**"大量采购、大量生产、大量销售最能够提高成果"的错觉**。用 J 成本论来思考的话,这的确是个错觉。但是将这种错觉被当作常识来看则是更大的问题。

这里的最大问题点,是对某一种商品没有"从采购到销售一贯管制的部门"。

所有部门都是"只管采购材料""只管生产制品""只管库存""只管搬运""只管销售",即只担任被细分出来的某一项工作。

在这种情况下,公司会向各部门施压:"削减成本!"于是,**各部门只能开始任意孤行地"排除浪费"**。更具体地说,比如"换线费用的浪费""搬运的浪费"等,各部门分别开展改善活动,于是很容易会开始进行"大量采购""大量生产""大量搬运"等错误的改善。

这就是大批量悲剧的开始。其结果,库存会增加,商品或产品的周转会不断减慢。而即使这样,在各处现场却还会继续要求"再降低进货单价""再简化一些生产工序""再找找更便宜的仓库"等,持续地推行完全独立、**各局部最优的降低成本活动**。

进行这种改善的结果,即使各部门的成本降低了,从公司整体来看，也经常会出现巨大的损失。这正是"见树不见林"，最大的问题是完全没有一个能够纵观整个森林的人。其中缘由如图 9-1 所示。

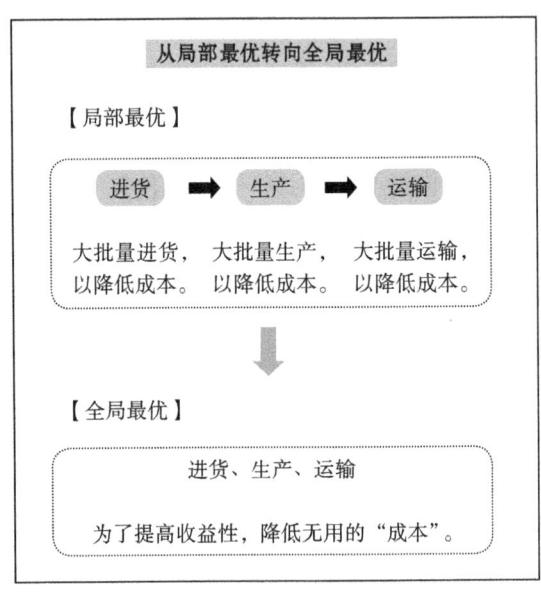

图 9-1

其结果就是大量库存。**每个部门都有"大量采购、大量生产、大量搬运就可以降低单价"的想法**。这种想法总是根深蒂固，而且在导入丰田生产方式进行改善时，还经常会成为障碍。

"1 个 100 日元的东西，10 个如果是 900 日元，当然很便宜"，这是不争的事实。在物流中，也是运输批量越大单位成本越低。但是，生意可不是这么简单的事情。

以前的会计理论认为持有库存不是"损失"

什么东西都是量越少价值越上升,所以价格也就越高。

下面来具体说明一下。到超市时会发现,有时 1 个 100 日元的洋白菜 3 个会卖 200 日元。如果只考虑买便宜的,则一定会选择"3 个 200 日元"的洋白菜。

但是,这个选择真的是最合算的吗?

世上贤惠的主妇不会为了便宜而购买 3 个洋白菜。买这么多洋白菜怎么烹饪呢?如果吃不了,一直放在冰箱里逐渐变质的话,就得不偿失了。

因此,主妇们都会明白,这时真正有助于家计的方法,不是选择"3 个 200 日元"的洋白菜,而是选择"1 个 100 日元"的洋白菜。甚至有时还会选择"半个 80 日元""1/4 个 50 日元"的洋白菜。这时,**吃得完的量才是真正合算的**。正因为如此,在超市里并排着"半个大小""1/4 大小"的蔬菜,都卖得很好。

再开句玩笑话,到有小姐或帅哥陪聊的店里去喝酒时,当小姐或帅哥把 1 粒花生米放到你嘴里时,就是让你掏市场价格的几十倍、几百倍,你也会心甘情愿的。

这时,因为有了另外意义的附加价值,无法单纯地进行比较,但也可以将其看作小量比大量更有价值的一个极端的例子。即使这样,只要客人能够认同其价值,多高的成本也会支付。也可以将其看成是不能简单地用价格来进行比较的特殊例子。

但是，公司，却无法认识到这一点。在公司里，为更进一步地削减成本，还是继续在单纯计算价格上动脑筋。这种计算便是100个比10个的单价低，10 000个比1 000个的单价低。当然，这说的也没有错。

如果买卖进行得很顺利，确实，公司或部门在资金允许的范围内，可以进行大量采购的话，应该可以最大限度地削减成本。即"10亿日元也好，100亿日元也罢，把公司里所有的钱都拿去进货！"

稍等一下，真有这么愚蠢的公司吗？这么多的资金从哪里来？这种大量采购要进行到什么时候？这难道不是"浪费性的投资"吗？将这么大量的资金以"库存"的形式闲置，这会损失多少"赚钱的机会"呢？光是这样想一想都让人觉得可怕。

但是，遗憾的是，在实际的现场，这种事情正在大行其道。**由于没有"持有的库存，随着时间的推移，如同让宝贵的资金闲置在那里"的意识，使得这种愚蠢的削减成本行为几乎随处可见。**也许越是资金充裕的大企业，越容易陷入这种聪明反被聪明误的陷阱。

但在传统的会计理论指导下，人们不会认为"持有大量库存＝损失"。由于库存被看作"资产"，因此即使其闲置在仓库里，也不会被质疑是"财务数据上的问题＝经营管理上的问题"。这是个很大的问题。

一方面是意识不到有多少库存闲置在那里；另一方面，只对"这个商品的成本是多少"的单价进行严格管理。

只要这种管理模式存在，"大量进货以降低单价""大量生产以降低成本"等思想就必然会扩散开来。

不管增加多少库存，都不会引起会计上的问题，相关负责人也当然不会被问责，而另一方面，公司"降低成本"的要求会越来越高，于是，各部门负责人便只好更进一步地以大量采购、大量库存的方式来应对。其实，我们需要一种能够证明如果"库存"增加的话，"赚钱能力就会减少"这个道理。

遗憾的是，传统的会计方式并不具备这种功能。只从这一点来说，不得不说其计算方法是错误的。需要对传统的会计方法进行改善。此中思路具体如图 9-2 所示。

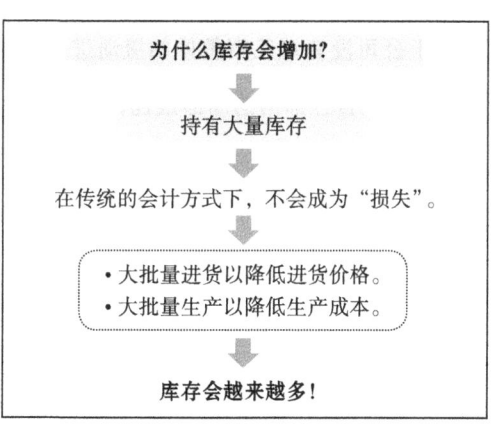

图 9-2

正因如此，为了正确测定真正的赚钱能力，J成本论呼吁通过正确的计算来区分"利润率"和"收益性"。

"不能断货"的意识很强

持有库存的原因，是各部门负责人都有"不能断货"的意识。

比如，生产部门认为绝不可让销售部门出现商品短缺。同样，采购部门日夜费心地不能让生产部门所必需的材料出现短缺。

这种意识固然十分重要，但是，各部门为此会在数量上故意多准备一些，从而成为持有库存的原因。

实际上，公司的高层领导除了应该对"采购→生产→运输→销售"的流程整体进行管理之外，并需从全局出发避免浪费。但是，**由于公司没有对工序整体的流动进行管理，于是，各个部门一味地追求自己部门的局部最优，因而往往从公司整体而言，实际上是产生了很多的浪费**。甚至会出现公司总部带头创造浪费的现象。

其代表事例就是总部统一采购，即由总部统一购买各部门、各店铺等所需的物资。表面上看也许很合理，但实际上，往往是累积了很多小的浪费，从而形成了大的浪费。

比如，思考一下生产圆珠笔的作业。首先，要决定生产1

支圆珠笔需要什么材料、需要多少。将此称为"原单位"。这里，不只是材料，还包括劳动力、动力等，需要什么、需要多少等，对这些都要制定标准消耗量。

比如，塑料是几克，铁是几克等，1支圆珠笔所需要的生产要素都要计算出来。

然后，在"原单位"的基础上，购进所需要生产数量份的材料，并投入所需的劳动力和机器等。表面上看，这种做法似乎是很系统、很有效率的做法。但事实上则完全不同。

在决定"原单位"时，公司的采购部门最注意的是什么呢？是"在生产时决不能出现断货的现象"。其实，各部门的负责人所担心的都是完全相同的问题。

结果，在决定"原单位"时，经常也会自然地启动"多准备一点儿"的意识。甚至有时，不了解各部门现场情况的采购负责人，还会更加"用心"地特意多购进一点儿。公司统一进行管理，以实现有效率的生产工序，这种做法表面看来非常合理的认识下，却招致了将多余的材料、劳动力、机器等投入各部门的讽刺性效果。

一旦不需要，就要有执行"削减"的勇气

此外，还有一个会使事态更加恶化的原因就是"次品率"的问题。这里指的是不能作为商品或产品使用的次品的发生概

率的数值。

假设某新建成工厂的次品率为10%，则每生产100个产品，能够出货的仅有90个。虽然各种产品都会有些差异，但这个数据似乎很适当吧！结果在决定"原单位"时，一般都会按照这个10%的次品率进行计算。

由于每100个产品的材料，最终只能出货90个，因此，为了确保能出货100个产品，就必须要准备相当于112个产品的材料。

但是，次品率不会永远是相同的数值，随着生产上轨道，工厂整体的经验不断提高，次品率会逐渐降低。这样，生产100个时，能够出货的数量会变成95个、98个……不断增加。于是，以"次品率10%"为前提准备的材料会逐渐出现剩余。

其实，到了这一步，部门负责人应该表示，"由于次品率下降了，所以应该适当地减少购买的材料"。因为，过量投入材料、机器等，只会造成浪费而已。但是，实际上大家这时大都会选择默不作声。这是为什么呢？

最大的理由就是，做此改善需要花费工夫和时间。如果只是说一句"请把材料供应减少5%"就行了，则事情就简单多了。

因为，"原单位"是需要由公司整体来决定的事项。即使想对其进行修改，也是需要惊动整个公司。在准备好所有文件以后，还要上司的签字、盖章。甚至有时候，还需要对订货、交货等的电子管理数据重新进行修改。

一想到需要这么烦琐的程序，很可能就会想，"还是维持现状吧!"于是置之不理。

总部和工厂都不会为这个问题而感到特别困扰。要说问题，其实只是眼前的"材料"多了一点而已。因此，只要不发生缺货的问题，它们就不会想自寻烦恼地去进行改善。这就是因惰性所致的浪费。

也许是个笑话，以前，我曾经看到过一个非常有意思（或者说是愚蠢）的生产现场。下面就来介绍一下，他们所认为的"太麻烦了，还是保持原样吧"的事例。

该工厂由总部那里供给所需数量的军手套，而原单位的"每天每人4双"，是用不完的量。于是，剩下的军手套都被当作抹布来擦拭现场的油污，且被视为理所当然。我反问道：哪里有如此高级的"抹布"？而更可笑的是，其回答却是：因为工厂到处都贴着"削减无用的成本"这样的大标语。

在日本，中央与地方政府的预算也是一样的。它们只知道说，"给我们增加所需的部分"，却从来不会说"这部分已经不需要了，请减掉。" 可见，减少既得权益是件多么困难的事情。到处都可以听到这样的声音，"因为太麻烦了""为了防止万一""好不容易才得到的"等。**其实改正这些的勇气才是真正需要的。**

"看板方式"有效的理由

现在已经明白,由于每个部门都有"尽量多准备一点儿"的意识,因此库存量会增加,而这部分资金便会一直闲置在那里,结果会使"收益性"出现下降。所以,如果反过来,**各部门只准备所需的材料和零部件,这部分的库存就会减少,从而"收益性"就会上升。**

能够实现这一状态的,就是丰田生产方式中的"看板方式"。例如有这样的工序"A部门→B部门→C部门"时,当C部门中b零部件用完以后,就会到生产b零部件的B部门去取用完的部分。同样,当B部门的a零部件用完以后,就会到A部门去,只取已用完部分实现等量补充的机制。

被领取零件的部门,只要生产待领取的数量就可以了。具体应该生产多少个,要由后面的工序来决定。

如果能够将此种做法导入负责采购材料的部门,则生产所需的"J成本"应该就会得到很大的削减。因为,从理论上,就可以形成使进来的货马上就能报使用的流动体系。

当材料的等待时间没有了,就会缩短过程时间,从而促进库存的降低。

为什么用"收益性"来思考很重要呢

如果只顾关注"利润率",就会走入只计算价格的歧途。

或者，**如果各部门的部门本位主义过度发展，而优先考虑本部门的业绩，甚至会做出损害公司整体利益的事情来**。为了防止这种事情的发生，最好的办法就是设置一个部门，能够确实地管理某一种产品从采购材料到销售成品的全部流程，实行全局最优的成本管理和成本削减。

在判断公司全体的盈利状况时，不能只关注"这个材料1个是多少钱？"而关注"1年前投资多少钱，现在赚了多少钱？"的"收益性"才是最重要的。

本章所介绍的"大量采购就会便宜""各部门自由进行的削减浪费"等，也许会暂时性地提高该部门的"利润率"，但其结果却会使库存增加，因此从整体上看"收益性"反而会出现下降。

即使同样是"排除浪费"，也决不能从局部最优出发，而必须从全局最优的角度来思考。

为此，不是从各自的"利润率"，而是要从工序的流动、工厂整体、企业全体流动的角度，使用导入时间因素的"收益性"来判断该企业是否"赚钱"。当遇到"单个的数字看起来都是赚钱的，但不知为什么会出现资金不足，整体利润上不去的情况"时，一般都是因为生产计划和活动，以及相关的改善活动等没与真正的"赚钱"联系起来。希望读者朋友务必能够注意到这一点，按照J成本论的思想，从"收益性"的观点出发，重新审核贵公司的事业计划，这样才会找到真正的问题所在。

第10章

J成本论应该被这样导入与实践

将 J 成本论导入贵公司的方法

本书前面已经从 J 成本的观点出发，讲述了在实际现场所发生的各种问题。如对库存浪费、生产批量问题、运输成本的错误认识等，基本上大家一直以为这些是正确的常识，都被"J 成本论"否定了。

本章作为对前面内容的总结，将对把"J 成本论"实际导入现场时的顺序和方法进行具体介绍。不管多么优秀的理论，只要在现实中不能应用在现场，就无法发挥出其价值。因此，希望大家一定要在自己的工作岗位上，实际导入"J 成本论"的思想，通过现地现物去体验其效果。下面将介绍 J 成本论的使用方法，以助大家一臂之力。在内容上，也许会有与前面各章重复的地方，请把它们作为复习内容，按照顺序读下去。

首先，先来对前面的内容复习一下。

- J 成本论的基本思想是：时间的流逝，意味着浪费资金的可利用价值。在以前的成本概念中没有考虑"时间"因素，这是最大的瓶颈。
- 大家往往把大批量生产以及相关的工作机会迁移到劳务成本较低的国家或地区去生产等都看作成本竞争的对策。一眼就可以看出来，这是因为大家只关注各自那块的成本而做出的选择。而对于为此所付出的宝贵"时间"究竟产生了多少"资金的浪费"，即

"投入资本闲置了多长时间"等,全然没有注意到。
- 通过J成本论,就可以将这些内容"可视化",以使每一个人都可以一目了然地看出"成本和时间的关系"。
- J成本论不只可表现当前的"利润",也能用数据来引导企业走向可持续发展的真正的"赚钱"之路。
- 其实,答案就在离我们很近的"收益率"的理解上。即不是"赚了多少钱",而是从"多长时间赚了多少钱"的角度来考虑。这才是真正意义上的企业"收益性"评价的基础。
- 本书中介绍的"正宗丰田方式"强调的是:对现场不强迫C(降低成本),彻底做好Q(自动化),追求D(准时化),这样真正的C(收益性)就会随之而来。
- 这时,需要能够对现场的"准时化"做出准确的评价。换句话说,需要一种新的会计理论,对"缩短过程时间"的改善效果进行有效的评价。

通过J成本论,就能实现这些目的。下面,将具体对导入J成本论的具体导入方法,依次进行介绍。

绘制各制品的J成本图

首先,将现场的J成本用可以一目了然的图表示出来。以某制造现场正在生产的一个产品为样品,随时间的推移而增加的J成本表示出来。这就是J成本图。

那么,实际上来画一下 J 成本图。取出 1 个单位的该产品,调查其从进入工厂到交货到客户手里的所有工序流程。即对此产品,描绘企业拥有所有权期间的所有流程。

这里,详细调查该产品什么时候,用了多少成本,即花了多少费用,更进一步地花了多少时间等数据。然后,将结果用图表表示出来。横轴表示时间,纵轴表示成本。这时可以看出,纵轴的费用向下方伸展。这是为了将"花费的成本"的事实可视化。这样画出的图被称为 J 成本图。第 4 章也曾介绍过了,图 10-1 即为此例。

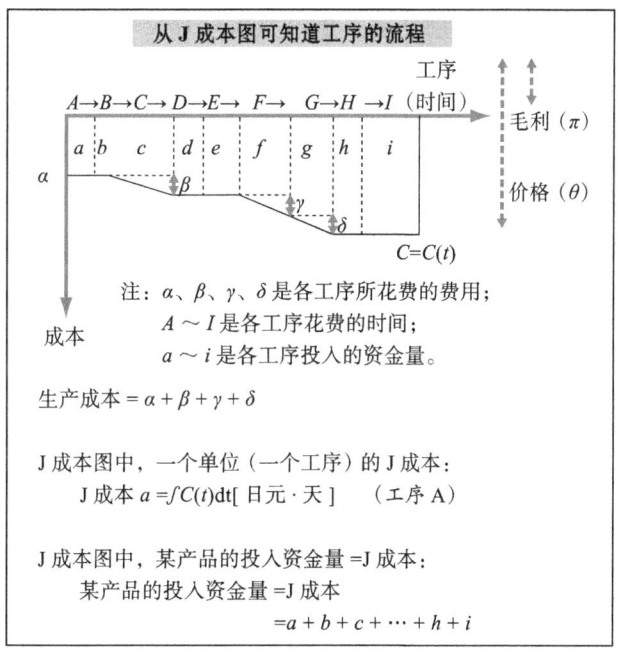

图 10-1

在此图中，将用 a、b、c、d……表示的"用时间分割的面积"定义为该产品实际投入的"投入资金量"，这就叫作 J 成本。

关于"投入资金量"的想法

这样画出的 J 成本图，用各部分面积所表示的是导入时间因素的"J 成本"，用式子表示如下。

J 成本图中的一个分区（一个工序）的 J 成本：

J 成本 $a=\int C(t)\,dt$（日元·天）　　（工序 A）

J 成本图中某个产品的投入资金量 =J 成本：

某个产品的投入资金量 =J 成本 $=a+b+c+\cdots+h+i$

这样，根据"某产品 =1 单位产品的时间和费用组成的面积"，就能知道该产品的"投入资金量"。通过这种方法，就能够正确评价该产品的"收益性"。

这里，"J"是日语单词"时间"的 J（日本的"时间"发音的第一个字母为"J"），也是"Just In Time"的"J"。之所以既是"投入资金量"，又取名为"J 成本"，是因为想取代在很多企业的现场经常看到的"削减成本金额"这种单纯的指标，而想让人们认知、普及 J 成本之故。

针对不同产品，分别进行"收益性评价"

现在，我们已经了解了各产品的 J 成本，下面，我们来对这些产品的"收益性"进行评价。只有做到这一点，企业才能正确掌控自己的经营。每个产品的"收益性"计算式如下。

1 个产品的收益性

收益性 = 收益率

= 利润 π 日元 ÷（平均成本 α 日元

× 平均过程时间 n 天）

这与大家在银行存款时的"利率"计算公式是相同的。

一定期间中的利率

R 日元 ÷（P 日元 × T 天）= Q/ 天

也就是说，以某"金额"购入的材料，在工序的流程中，经过"资金"和"时间"的加工，成为成品出货，收回货款后，得到"利润"的流程，正好与将"首付"存到银行，某期间内不断存入"零钱"，满期后取出的"定期存款"是相同的。

如果使用这种思路，就可以算出某产品的"收益性"= 真正"赚钱能力"。使用这个"收益性"，就可以对现场的努力和改善成果进行评价，还可以从需要判断的各种选项中，选出对该企业而言真正正确的方法。

在这个"收益性"的公式里，作为评价指标分子的利润，在 J 成本论中是使用"毛利"。在企业众多的利润当中，之所以选择"毛利 = 销售总利润"，是因为想尽可能如实地反映出生产现场努力的结果。如果将其换成比如营业利润，则在计算成本时，也要包括一般管理费等与生产现场没有直接关系的费用。因此，为了排除这些因素，便使用了"毛利"。

下面，对这些"收益性"进行比较，并逐步介绍对改善成果进行业绩评价的计算过程。假设某产品以销售价格 θ 销售给顾客，得到的毛利是 π。此时的毛利如下。

每个产品的毛利

$\pi = \theta - $（生产工序花费的费用总和）$-$ 修正项

$\quad = \theta - (\alpha + \beta + \gamma + \delta) - $ 修正项

这里的修正项，是与生产现场努力无关的要素，在需要进行调整时才使用。用刚才算出的"投入资金量 =J 成本"去除毛利，就得到该产品的"收益性"。这里，将刚才出现的"收益性"计算式进一步详细展开，即可得到下式。

不同产品各自的收益性

不同产品各自的收益性 = 各产品的毛利

$\qquad\qquad\qquad\div$ 各产品的投入资金量

$\qquad\qquad = $ 各产品的毛利

$\qquad\qquad\qquad\div$ 各产品的"J 成本"合计

$\qquad\qquad = $ 毛利 π 元 $\div$（平均成本 α 元

$\qquad\qquad\qquad\times$ 平均过程时间 n 天）

（单位是"/ 天"或"/ 年"）

现场的改善效果，可以通过观察该产品的"收益性"在改善前和改善后增加了多少，用这个"差"来进行评价。

不同产品各自的改善效果＝用收益性的差来评价

改善后各产品的收益性－改善前各产品的收益性

这里如果不知道毛利是多少，可以将其看成改善前后毛利没有变化，然后作为替代方案，可以用分母 J 成本来与之前进行对比，来表示改善效果。

不同产品各自的改善效果＝用 J 成本的改善比率来评价

各产品的收益性提高率＝改善前 J 成本合计 ÷ 改善后 J 成本合计

以上是用 J 成本论来进行收益性评价的具体方法。

对企业整体收益力进行综合评价的"收益性分析图"

以上介绍了对现场改善效果进行评价的"收益性"。下面，再进一步从全局出发，介绍评价企业整体"收益力"的方法。

这与刚才对现场的评价不同，是对企业整体进行评价。由于是从外部进行的分析和评价，因此过程时间等的内部指标就用不上了。原则上，使用"财务会计的数据"来进行计算。也就是经由财务分析，可对**准时化**进行评价，我想是具有划时代意义的手法。

为了介绍这个手法，首先要说明一下"资本利润率"。近年，作为表示经营表现的指标，ROA（return on asset, 总资产利润率）、ROI(return on investment，投入资本利润率）等将"资本"放在分母，"利润"放在分子的利润指标很受欢迎。

资本利润率的计算式示例

ROA（即总资本收益率）= 利润总额 ÷ 总资本[⊖]

= （利润总额 ÷ 销售额）

× （销售额 ÷ 总资本）

= （销售额利润率）

× （总资本周转率）

这里，如果将分母的"总资本"换为"向特定对象投入的资本"的话，则其计算结果就变成该项目的 ROI，即该项目的投入资本利润率。如果将分母变成股东投入的股本，则其计算结果就变成 ROE（return on equity），即净资产收益率。分子的收益，在上式中使用的是利润总额，比如 ROE 中，一般会使用本期净利润。

这些"资本收益率"确实可以表示该企业整体的"收益力"。**但是，利润总额、本期净利润，或总资本（总资产）等，则不一定能够直接反映生产现场的实力。**有时，还会过多受该企业财务效率或债权回收能力等的影响。

⊖ 到 2009 年 4 月为止，资产负债表上还没有表示资本项目。实际上，这里是用总资产额来计算。

因此，不改变此公式的构造，将分母和分子换为更接近现场的数据。这样，就得到下面的"收益性评价指标"。

> **资本利润率的计算示例**
>
> "收益性评价指标"＝销售总利润（即毛利）
> 　　　　　　　　÷存货（即金额）
> 　　　　　　　＝（销售总利润÷销售成本）
> 　　　　　　　　×（销售成本÷存货）
> 　　　　　　　＝（销售成本利润率）×（库存周转率）

这里，之所以不使用"销售额利润率＝销售总利润÷销售额"，是因为根据行业的不同，有的企业可以得到几倍于销售成本的销售额，因此如果用"销售额÷存货"来表示库存周转次数，会无法真正反映现场努力的收益能力。

因此，这里不用销售额，而使用销售成本：销售成本÷存货＝库存周转率。

这样得出的表示"收益能力"的式子，可以分解成与企业"收益性"完全不同的两个要素。**即设计、采购、营业等，应该将其看成总部机能所应负责的"销售成本利润率"，和表示在生产、物流现场的缩短过程时间、努力实现准时化生产的"库存周转率"。**

将其分别取 X 轴、Y 轴，用图表示出来，就成为"收益性分析图"。在这个图中，有相同面积的矩形①和矩形②的面积相同，说明其收益性是相等的。这样，将相同收益性的点连接起来，则正好可以画出如等高线般的双曲线。也就是说，只要在这条线上，不管在哪儿，收益性都相同。另外，如果将 X 轴和 Y 轴取对数刻度，则这条双曲线就会变成直线。

图中的①和②虽然收益性相同，但是根据其显示的是哪一种矩形，可以马上分辨出该企业的现场是"降低成本"的能力强，还是"缩短过程时间"的能力强。在本书的最后，附加了由日本总研住宅研究部左海冬彦提供的"各行业收益性分析图"。

通过这个"收益性分析图"，可以把握住自己公司的强项和弱项。由于可以使用企业公布的财务数据来计算，因此如图 10-2 所示的那样，相同行业的不同企业可以在同一个"收益性分析图"上找到各自企业不同的位置。**这样还可以与自己的竞争对手进行标杆比较，分析在收益性的特点上有什么不同。**

另外，图 10-2 还可以用于对改善效果进行评价。通过对改善前和改善后进行比较，可以看出收益性是怎样变化的。以前，只有降低成本（=实现降低成本）的状态可以用改善的数据成果来评价。但是这里，缩短过程时间的效果，虽然在纵横轴的方向性上会有所不同，但也可以用同等分量来进行评价。可以说这是一种可以对准时化进行评价的、具有划时代意义的新手法。

"收益性恶化图"的活用

前面分析了"收益性"上升时的情况。另一方面，如第7章涉及的，在选择应该采取什么样的物流和运输手段时，从"收益性"下降多少的观点出发是非常重要的。请看下例。

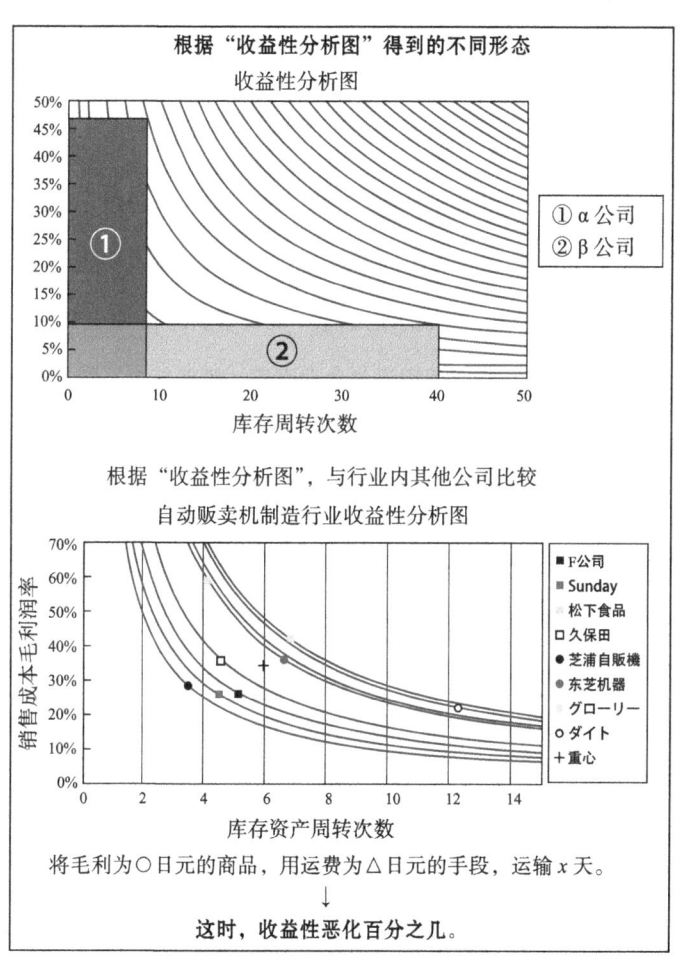

图 10-2

通过比较这个"收益性恶化率",当面临该选择运费高的空运还是海运的问题时,就可以做出正确的选择。为此,做成应用 J 成本论的"收益性恶化图"。通过这个图,从毛利、运费、运输天数的关系中,可一目了然地知道用数据计算损失了多少收益。

遵从"J 成本论思想"而成功的商业模式

前面已经对"J 成本论"的整体和其具体的应用方法、计算方法,以及可以对其进行直观把握的图表等做了说明。下面来看一看如何应用"J 成本论思想"取得事业的成功。

"J 成本论"将时间因素与企业真正"赚钱能力"结合起来的方法。即,"J 成本论的思想"最重视"时间",更具体点儿说,就是从"缩短过程时间"的角度出发进行改善活动。以下通过用这种方法取得很高"收益性"的实际案例,来介绍一下"J 成本论思想"带来的成功的商业模式。

比如,为了缩短从商品生产完成到销售出去的时间,最有效的方法是"接到订单以后再开始生产"。因为客户在等待,所以不会产生"完成→销售"的过程时间。

不过,只要让顾客等待,就会随时有遭到顾客抱怨的可能性,"如果花这么长时间的话,那我不要了"的风险。所以,必须争取在不被顾客抱怨的前提下,推进事业的发展。

比如，组装电脑的"戴尔公司"正是利用这种方法来提升业绩的。该公司将其运营系统称为"戴尔直销模式"，原则上不在店面销售，只在网络上进行直接销售。**不在店面销售，也就意味着不用准备店头的库存。也就是说，单位产品的过程时间（从接单到交货为止的过程时间）就会变得非常短。**

这种模式与店面销售相比，顾客接到商品要多花些时间。也就是说，如第 4 章所谈到的，关于生产时间的两个观点之中的"顾客要求生产时间"要变得长一些。

但是，这样做顾客可以根据个人的要求直接进行选择，实现了产品的个性化。而且，由于不会发生开设店铺所需的成本，也可能将这部分以"低价格"的形式变成产品的"附加价值"。事实上，该公司正是通过这种"附加价值"使"让顾客等待"的商业模式取得了成功。

那么，这种商业模式中从材料采购，到生产、交货的时间，即所有的过程时间是怎样的呢？事实上，只要严格遵守"接到顾客订单，开始组装电脑，送出成品电脑"的顺序，过程时间就可以得到缩短。也就是说，这样就可以降低该产品的 J 成本。这可以算作通过缩短过程时间来提高收益率的典型案例。

实际上，根据各行业的不同属性，将所有作业在接到顾客订单以后再进行是很难的，经常是有心无力。因为，这样做往往会使供货的时间过长,顾客不会有等那么久的耐心。

为了解决这个问题,还有一种方法是,提前生产到一半,只将最后与多样化规格有关的作业,待接到顾客订单以后再进行的模式。

比如,日本的立食面店(客人站着吃面),都是事先将面稍微煮过一遍,等客人来了,再用热汤过一遍就行了。通过这些实际的方法,在不会引起客人不满的前提下,尽可能缩短过程时间,以达到提高"收益性"的目的。

还有一个例子,电视购物的"媒体销售公司"。他们非常会做生意。最重要的是,这些媒体销售公司自己不生产,而是只以流通或代销为主。即从顾客那里接到订单后,只需从厂商那里要来商品,发送出去就可以了。

甚至最近,提前与厂商签订好价格合同,之后连商品的发送等都由厂商直接进行的情况也逐渐增多。

其结果,媒体销售公司完全不需要持有库存,它们只需将接到的订单数据马上传给厂商,然后从顾客那里收回货款就行了。似乎从定义上来看,不能将此称为制造业过程时间。**的确,这不能叫"制造",但从收回投入资本的角度来看,其确实大大缩短了过程时间。**

再加上,一般的合同都规定,向厂家支付货款的时间会定在1个月以后,因此,从"现金流"的角度来看,也可以说是超优良企业。

当然,这种商业模式要想实现稳定经营,就必须经常通过宣传和广告来维持效果。某媒体销售公司由老板亲自上阵,在电视上对商品进行介绍,而这种模式一旦被消费者所接受,或者得到消费者的认知,那么之后就不用怎么再去投资了。恐怕很难再找到这么容易赚钱的商业模式了吧!

此外,这种模式的关键是,如何增加商品品种,不发生断货,而且在最短的过程时间内送到顾客手上。

实际上,这么短的过程时间,是通过与媒体销售公司签约的那些厂商的努力而实现的。从某种意义上说,为了支撑媒体销售公司的"现金流",生产厂商各公司必须在努力缩短各自的过程时间,或者通过持有大量库存来应对顾客的需求之中做出选择。

当然,从"J成本论"来看,此时可以选择的方法是很明确的,其关键就是要缩短过程时间。

另外,让客户企业可以"不持有库存"作为自己的优势来扩展生意,事实上也有因此而成功的公司。 如销售办公用品的ASUKURU公司就是典型。"ASUKURU"是从日文"明天就到"的发音中取的名字。正像其公司名所表示的那样,今天订的商品,主要是办公室里用的办公用品,会在订货的第二天,即明天送到,有时,甚至还可以在同一天送到。这种服务得到了一致的好评。

在实现"ASUKURU"的服务之前，公司持有很多办公用品的库存。因为担心像圆珠笔或价格标签等这样的商品断货，因此不得不依赖库存。而且，由于以前业务用品的进货总是会花很长时间，再加上预估订货之后可能会需要的数量，因此不得不多备一些库存。正是关注到这一事实，才实现了"减少客户库存"，或"缩短顾客要求的过程时间"的"附加价值"。

在此例中，还想谈一下**陈腐化的风险**。随着技术的进步，使用的办公用品会突然发生变化，这样，以前准备的大量库存就有陈腐化的风险。比如，"电脑的软盘"就是个很好的例子。

以前，"软盘"是电脑记录媒体的主流。后来它逐渐被CD-ROM所取代，再后来，又很快出现了"闪存""记忆卡""U盘"等很多新的存储媒介。甚至发展到现在，可以将数据放到网络中，这样可以在任何地点通过网络随时提取自己需要的数据，于是也就不必再拿着记录媒体走来走去了。

这时，如果公司已经买进了很多软盘，那么现在这些都会变成浪费（＝损失）。ASUKURU公司就是通过提供这种能够减少陈腐化风险的"附加价值"，从而实现了业绩的增长。

除了陈腐化风险这种看得见的浪费，还有不能完全算是浪费，却存在着看不见的风险，即投入资本的滞留风险。

例如办公用品的库存也会发生J成本。

因为不像其他商品那样以销售为目的持有，所以，通常不计算 J 成本和个别收益性，但只要使用了企业的宝贵资本（钱）来支付＝除了投入资本之外，因此而滞留的库存一定越少越好。而 ASUKURU 公司正是迎合了这种需求。

上面围绕着缩短过程时间，介绍了几种商业模式。如果要找出能够在选择事业部门时不失败的诀窍，我经常会跟大家说：要考虑收益性。

不管什么行业，也不管什么课题，这个诀窍都是通用的思路和手法。买东西、卖东西时自不必说，在生产时，在将成品保存起来时，运输时等所有场合，都要把"收益性"铭记在心。

这个意识使真正的、更广意义上的"削减成本"变得更有可能，从而可以实现真正的"赚钱"。

首先第一个就是"收益性"。从这点出发，就会发现在意想不到的地方都有机会。

全局最优≠局部最优的总和

在这里，想强调一下非常重要的思维转换的必要性。第 9 章，作为增加库存的理由，举出了"局部最优的错误"，并提出应该将其转换为全局最优。本章从成本管理、成本计算的角度出发，重新审视了"全局最优"和"局部最优"的问题。

在生产和销售新商品时，一般都会运用"成本企划"。这是从日本走向世界的、值得自豪的成本管理手法。

据说，此手法源于丰田，与传统的累积性的成本计算法不同，这个手法是"先考虑成本"，是一种划时代的思维转换。因此，以美国为首，世界上的制造厂商都在努力将其作为标杆来引进。

进行"成本企划"时，首先是设定利润，然后是推算成本，即所谓的"目标成本"。为了实现这个"目标成本"，公司会分配给各部门具体的成本削减金额，各部门分别进行降低成本的改善活动。

也就是说，这种手法基于"只要各部门的成本下降，整体的成本就会下降"，非常简单，但效果很好。用式子来表示，如下所示。

成本企划的成本构造

目标（销售）成本 = 采购相关的成本合计 + 生产相关的成本合计 + 物流相关的成本合计 + 销售相关的成本合计

但是，这么优秀的"成本企划"，如果各部门在成本计算的认识上出现错误，就会产生非常大的问题。

"局部最优的总和等于全局最优"，这在以前可以说是企业里的常识。但是实际上，"局部最优"却很少能带来"全局最优"。甚至可以说"局部最优"经常会扯全体的后腿。请看下例。

- 因为需要大量购买才会降价，于是进行大量采购。
- 为了实现全球最优采购，从偏远地方进货。而对于由此发生的运输时间却不闻不问。
- 从提高生产性的角度去管理工厂，于是生产出很多多余产品。
- 为提高运输效率，忽略了过程时间，执着于满载运输。

这些"局部最优"造成了"大量库存"，并增加了过程时间。其结果，降低了公司整体的"收益性"。

可以看到，有些企业理所当然地认为"库存早晚都能卖出去，没有问题"，甚至都还看到连准确把握库存的工具都没有的公司。再加上持续的低利率，使企业筹措资金变得很简单，于是很容易导致增加库存的结果。不得不说，这与真正的"赚钱"还相距甚远。

那么，在这样的企业里应该怎样进行改善呢？怎样才能从"局部最优"的陷阱中脱离出来呢？这确实需要进行思维的转换。前面讲的"成本企划"如果也能在这种思维转换下，进化到"到考虑收益性"的话，则一定可以发挥出更大的优势。为此，"J成本论"的思想是很重要的。

J成本论的局部最优会改变整个公司

虽然"局部最优的总和不等于全局最优"，但实际上进行改善活动的则是被细分化的各部门。从这点上来说，还只能先努力实现"局部最优"。也就是说，至今还没有一个有效的手法能测定"全局最优"。

由于成本里有人为计算的部分，就很容易产生肆意性，因此即使局部变好，也不等于全局就会变好。

但是，在不受人为影响的"时间"单位上，局部变短多少时间便可以直接影响到整体时间变短多少。

J成本就是在活用这个时间。

在采购、生产、物流、销售等各部门，不要费心于以前的"成本"，而要在减少J成本上下功夫。

实际上，这就是说一切都要以缩短过程时间为中心来思考。当然，公司和部门的目标值也必须用J成本的单位来表示。具体来说，就是要将某产品的J成本表示成：××日元·天。

采购部门在与供应商进行交涉时，不能只考虑价格，还要考虑到交货的过程时间。如"材料是每天进一次货，还是每周进一次？""商权什么时候转移？""多少天以后付款，是以周为单位，还是以月为单位？"等，通过对这些项目进行改善，可以降低进货时的J成本。

营业部门要开始与客户交涉支付条件，交涉事项不只是价格，还要包括"是每天交一次货，还是每周交一次？""交货后多少天可以收到货款?""应收账款的结算是以周为单位,还是以月为单位?"等,都要进行详细的交涉。并依此来考虑如何减少 J 成本。

其结果,当然现场的库存也会减少。比如,工序内原来 2 天的库存,可以减少到 1 天。这在 J 成本论看来,收益性变成了 2 倍,是非常了不起的改善成果。

为了明天的成功

但是,由此发展下去,肯定会出现品质不良和设备故障的问题,各部门都会不安。于是,便会出现这样的反对意见:"**当发生质量问题时,会出现产品断货,当设备出现故障而停产时,库存不够怎么办!**"

这时,现场负责人一定要坚持住,不能动摇。认为"次品和故障很多,所以需要大量库存"的人的想法,从一开始就是"不愿意改善"的人。由于以前都是因为有足够的库存,才能顺利挺过来,因此他们萌发不了应该进行改善的意识。而正是他们的这种意识,才是最应该消除掉的问题。

但是,今后不能永远这样下去。**为了能够实现"即使库存很少也没有问题"的现场才是真正的改善**。应该去追究故障和次品的真正原因,然后大家一起出主意,共同想出对策来。这样不断重复,现场就能有活力。我甚至认为,各部门的负责人可以制定严格的规定，如"把一半库存冻结起来，使用时需要负责人的同意"等也是可行的。通过这样给团体成员加压，就可以减少J成本，收益性也可以得到提高。

事实上，丰田的做法就是，本来应该5个人做的工作，有意只让4个人来做。也就是说，塑造"如果大家不下功夫想办法进行改善，就无法完成这项工作"的环境。遇到压力，人就一定会涌出智慧来。在正宗丰田方式中，绝没有"现在是最好的"的想法。而必须要有"不变才是错误"的觉悟。

"准时化"说起来很容易，但现场实行起来却不会这么容易。但是，必须不断思考"怎么做才能实现小批量生产""怎么做才能缩短过程时间"，不断去挑战以追求实现。这才是正宗丰田方式所说的"改善"。

努力的目标应该是削减J成本。

最后，再次借用我从丰田前辈那里学来的名言，来完成本书。

> "正宗丰田方式的现场改善要诀是：彻底作好自动化（Q），不断追求准时化（D），这样收益（C）就会随之而来。"

结　语

读完本书以后，相信大家已经对 J 成本论有了大致的了解。概括一下就是："企业应该努力提高收益性"，即使在利润不变的情况下，通过缩短过程时间"收益性"也可以得到提高。以前被认为互为对立关系的成本改善和过程时间改善，实际上几乎有着相同的效果。

在金融危机席卷全球，解雇员工的新闻不绝于耳，大家都对明天感到不安的这个时期，希望通过本书可以使人们认识到，"不要只关注仅占总成本 10% 左右的劳务费，只知道解雇员工！而要尽全力削减占总成本 80% 以上的采购品库存！""逼迫现场去降低成本的做法会使公司走向毁灭。只要确保质量 Q，不断缩短生产时间 D，收益 C 就会随之而来"。撰写本书，就是想帮助大家在公司里真正开展起现场改善活动，让员工不必担心被解雇，大家可以满怀希望的全身心投入工作。

很多人通过各种渠道学习了丰田生产方式，并在这些知识的基础上，进行着各种各样丰田生产方式相关的咨询指导。

为了与这些民间的丰田生产方式相区别，本文采用了"正宗丰田方式"的说法。换句话说，"正宗丰田方式"的内容，是笔者得到前辈们的教诲，通过与同事们一起在现场徘徊过，痛苦过，弄脏过双手，流过汗的改善之中学到的"对现场的观察方法和思考方法"。

在世界棒球大赛上日本队获胜后，日本全国都在欢喜之中，于是媒体报道了很多赛中的插曲，观众们有时会一边含泪一边观看。但一般人不管怎么模仿日本队选手的跑垒动作、挥棒、投球法（用丰田生产方式来说相当于各自的手法）的动作，都不会成为日本队选手。

相信大家都能理解，如果不知道教练员和选手的感觉，例如他们怎么进行判断、怎么采取行动，不去学习其"现场的观察方法和思考方法"，就无法真正理解日本队的强大。学习丰田生产方式也是一样。从这一脉络来看，本书可以看成是将"正宗丰田方式"的"准时化和会计学关系"的入口部分讲清楚了。

想学习J成本论更高一层的高级篇的读者，请参考书后参考文献的第1、2、3、7条。想知道现在管理会计的最前沿和丰田生产方式之间的关系的读者，请参考第 9 条。

作为本书的作者，希望读者朋友们在理解了"正宗丰田方式"到底是什么的基础上，再阅读本书。笔者把自身所理解的"正宗丰田方式"详细写在第 4 条里，相当于本书的前半部分。而第 5 条是第 4 条的后续。如果有想读"正宗丰田方式"原作的读者，请参考第 10 条。

笔者长年以来一直工作在制造业第一线，看到经济危机中艰难的现场，感到自己必须做点儿什么，于是决定撰写本书。但自认为是个改善专家的笔者，能够完成这部有关管理会计的书，在很大程度上得益于爱知工业大学非常勤讲师的柊紫乃老师。

柊老师取得了经营情报科学的博士学位，在社会上的经验也十分丰富，对 J 成本论有正确的理解，在本书校正的过程中，从会计学者的立场给予了一字一句的认真检查。在这里表示感谢。中经出版社的中村明博先生也理解了这个复杂的 J 成本论，并坚信这正是现在世上所需要的理论，从而为宣传活动做了很多努力。

柊老师、中村先生和笔者衷心希望本书对在制造业现场奋斗着的读者们能够起到些许帮助。

株式会社　J 成本研究所

代表　田中正知

参考文献

① ＊田中正知「時間軸を入れた収益性評価法の一考察〜Ｊコスト論〜」『IE レビュー』Vol. 45No.1234 号

② ＊田中正知「物流と荷主企業の収益性に関する一考察〜Ｊコスト論〜」『海運経済研究』第 38 号 2004 年

③ ＊田中正知「自動車産業に於ける SCM とその評価方法の一考察〜Ｊコスト論〜」『日本造船学会論文集』第 5 号

④ 田中正知『考えるトヨタの現場』ビジネス社 2005 年

⑤ 田中正知『「トヨタ流」現場の人づくり』日刊工業新聞社 2006 年

⑥ 第 3 回卒業研究・制作発表会講演要旨集ものつくり大学 技能工芸学部製造技能工芸学科

⑦ ＊田中正知「ものづくり会計学現場実践編」東京大学 MMRC-DP208，2008 年
⑧ 田中正知「Ｊコスト論と改善活動」『企業会計』9 月号 2008 年
⑨ 河田信編著『トヨタ原点回帰の管理会計』中央経済社 2009 年
⑩ 大野耐一『トヨタ生産方式』ダイヤモンド社 1978 年
※＊印のついたものは、インターネットの検索エンジンで、「Ｊコスト」と入力すれば、検索可能

附图 各行业的收益性分析图

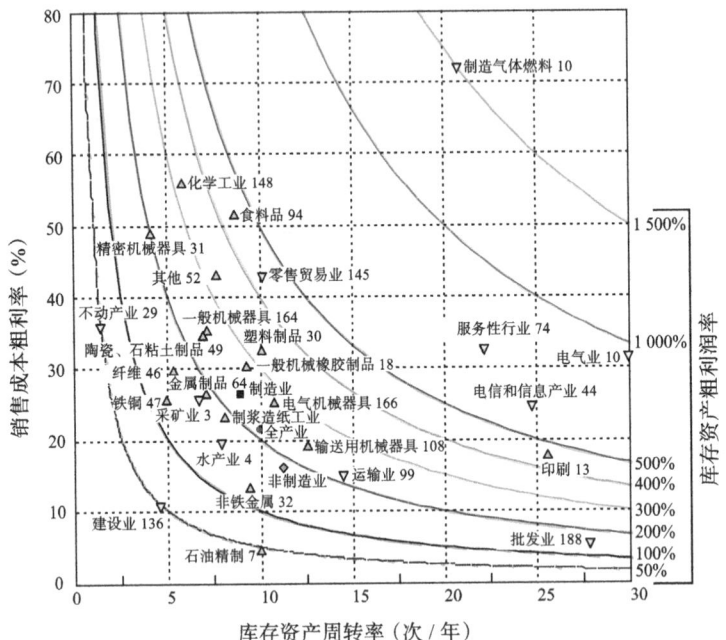

推荐阅读

金矿：精益管理 挖掘利润（珍藏版）

作者：[法] 弗雷迪·伯乐 迈克·伯乐 ISBN：978-7-111-51070-3

本书最值得称道之处是采用了小说的形式，让人读来非常轻松有趣，以至书中提及的操作方法，使人读后忍不住想动手一试

《金矿》描述一家濒临破产的企业如何转亏为盈。这家企业既拥有技术优势，又拥有市场优势，但它却陷入了财务困境。危难之际，经验丰富的精益专家帮助企业建立起一套有竞争力的生产运作系统，通过不断地改善，消除浪费，大幅度提高了生产效率和质量，库存很快转变为流动资金。

金矿Ⅱ：精益管理者的成长（珍藏版）

作者：[法] 迈克·伯乐 弗雷迪·伯乐 ISBN：978-7-111-51073-4

在这本《金矿》续集中，作者用一个生动的故事阐述精益实践中最具挑战的一项工作：如何让管理层和团队一起学习，不断进步

本书以小说形式讲述主人公由"追求短期效益、注重精益工具应用"到逐渐明白"精益是学习改善，不断进步"的故事。与前一本书相比，本书更侧重于人的问题，体会公司总裁、工厂经理、班组长、操作员工以及公司里各个不同层级与部门的人们，在公司通过实施精益变革进行自救的过程中，在传统与精益的两种不同管理方式下，经受的煎熬与成长。这个过程教育读者，精益远不止是一些方法、工具的应用，更是观念和管理方式的彻底转变。

金矿Ⅲ：精益领导者的软实力

作者：[法] 迈克·伯乐 弗雷迪·伯乐 ISBN：978-7-111-50340-8

本书揭示了如何持续精益的秘密：那就是培养员工执行精益工具和方法，并在这个过程中打造企业的可持续竞争优势——持续改善的企业文化

今天，越来越多的企业已经开始认识并努力地实施精益，这几乎成为一种趋势。不过大多数实践者只看到它严格关注流程以及制造高质量产品和服务的硬实力，少有人理解到精益的软实力。本书如同一场及时雨，为我们带来了精辟的解说。

精益思想丛书

ISBN	书名	作者
978-7-111-49467-6	改变世界的机器：精益生产之道	詹姆斯 P. 沃麦克 等
978-7-111-51071-0	精益思想（白金版）	詹姆斯 P. 沃麦克 等
978-7-111-54695-5	精益服务解决方案：公司与顾客共创价值与财富（白金版）	詹姆斯 P. 沃麦克 等
7-111-20316-X	精益之道	约翰·德鲁 等
978-7-111-55756-2	六西格玛管理法：世界顶级企业追求卓越之道（原书第2版）	彼得 S. 潘迪 等
978-7-111-51070-3	金矿：精益管理 挖掘利润（珍藏版）	迈克尔·伯乐 等
978-7-111-51073-4	金矿Ⅱ：精益管理者的成长（珍藏版）	迈克尔·伯乐 等
978-7-111-50340-8	金矿Ⅲ：精益领导者的软实力	迈克尔·伯乐 等
978-7-111-51269-1	丰田生产的会计思维	田中正知
978-7-111-52372-7	丰田模式：精益制造的14项管理原则（珍藏版）	杰弗瑞·莱克 等
978-7-111-54563-7	学习型管理：培养领导团队的A3管理方法（珍藏版）	约翰·舒克 等
978-7-111-55404-2	学习观察：通过价值流图创造价值、消除浪费（珍藏版）	迈克·鲁斯 等
978-7-111-54395-4	现场改善：低成本管理方法的常识（原书第2版）（珍藏版）	今井正明
978-7-111-55938-2	改善（珍藏版）	今井正明
978-7-111-54933-8	大野耐一的现场管理（白金版）	大野耐一
978-7-111-53100-5	丰田模式（实践手册篇）：实施丰田4P的实践指南	杰弗瑞·莱克 等
978-7-111-53034-3	丰田人才精益模式	杰弗瑞·莱克 等
978-7-111-52808-1	丰田文化：复制丰田DNA的核心关键（珍藏版）	杰弗瑞·莱克 等
978-7-111-53172-2	精益工具箱（原书第4版）	约翰·比切诺 等
978-7-111-32490-4	丰田套路：转变我们对领导力与管理的认知	迈克·鲁斯
978-7-111-58573-2	精益医院：世界最佳医院管理实践（原书第3版）	马克·格雷班
978-7-111-46607-9	精益医疗实践：用价值流创建患者期待的服务体验	朱迪·沃思 等